U0516484

康熙紹興府志

6

紹興大典

史部

中華書局

紹興府志卷之三十三

選舉志一

薦辟

三代時取士以選舉則無所用薦辟矣乃後科目行而選舉廢於是有薦辟以濟科目之所不及蓋求賢唯恐其遺也明初太祖時弓旌四出而群策畢舉越之士以此際風雲者不可勝紀弘正間猶有徵辟之今後乃寖不行即行之而徇名失實矣豈足以當國家之用歟然而厲世砥俗恒必賴之

國朝行科目旋有山林隱逸之徵甚盛典也茲志選舉首薦辟亦以示所先云

漢

山陰鍾離意舉孝廉有傳　鄭弘舉孝廉有傳

賀純舉賢良方正有傳　趙曄舉有道有傳

韓說舉孝廉　盛憲舉孝廉有傳

上虞戴就舉孝廉有傳　朱儁舉孝廉有傳

吳

山陰鍾離牧意七世孫有傳

餘姚虞翻舉茂才有傳

晉

山陰賀循舉孝廉有傳　謝沉舉孝廉有傳

餘姚　虞喜　舉孝廉秀才賢良三科不就有傳　　虞潭　舉秀才有傳

虞預　舉孝廉不行有傳

宋

嵊　阮萬齡　侍中

齊

山陰　賀瑒　舉明經傳士有傳

嵊　朱仕明　舉秀才有傳

梁

山陰　孔休源　舉秀才有傳　　郭世通　舉孝廉不就有傳

陳

山陰　孔奐　舉秀才有傳

餘姚　虞寄　舉秀才有傳

唐

蕭山　許伯會　元度裔孫舉孝廉有傳　　沈融　籍佚舉秀才

宋

嵊

周忠和 度支使

胡岳 知縣

姚宏 舜明子附父傳

呂祖景 紹興中授淮南安撫使恩威明信盜賊不警

史昱 以薦授兩淮轉運幹辦公事終大理寺評事

周俊 薦授兩淮浙東總幹有政聲

商日新 字達夫博通經史理宗時蕭山張秋巖薦授太子學任翰林學士度宗朝位二年議論不合上疏致仕聖駕餞於錢塘門外賜之金帛舉朝榮之

王弘基 舉明經秘書正字

王昌俶 薦授保寧軍節度推官

新昌

章天與 舉遺逸大理寺評事

胡崇珏 薦實錄檢校官

潘耒 舉遺逸通判

章得榮 舉人才縣令

潘懇 主德教化陞評事

俞承休 舉明經行修觀察使

俞伯深舉學行六縣長　潘來舉賢良銀青光祿大夫尚書

潘信舉經明行修評事　俞仁裕舉茂才長安尉

元

餘姚徐仲達學士院僉書侍郎

燕宗允宋戶部侍郎世良子沿海制置司幹辦公事

王文衡　魏貴龍翰林待詔

李世昌學正　王希賢國子助教

高榮龍教授　孫原夔教諭

吳復卿判官　唐興賢提舉司都事

岑賢孫國子學錄　史其希教諭

魏愷總管同知　徐彥威崇文監典簿

楊國用教諭　李昊教諭

李自強教諭　魏政學正

岑伯玉訓導　張溥總管太守

岑可久宣撫使　汪斌教諭

吳鏞教諭　王嘉閭

魏銘學正　汪性訓導

方柏經歷　胡秉常學錄

史叔顏山長　聞人煥

史應炎市舶使　胡璉訓導

鄒處恭判官　楊瑀教諭

岑華卿教諭　胡廷獻教諭

楊仕恭山長　李文龍教諭

岑俊卿山長　劉文彬山長

趙惟翰教諭　楊瑛學正

徐良玘縣尹　胡建中

岑文仲　楊得榮提舉刑獄

諸暨楊實大理寺丞有傳

嵊

錢滸應求賢詔授教諭　夏椎薦授稅課司提舉

喻子開以才諝薦授副史　甯崇薦授提領

宋鍈訓導　周承祖儒學提舉

王斗機教授　舒奎訓導

王碩學正　王宗孫以儒術薦授翰林學士

胡宗道主簿有傳　錢晃舉孝廉授經歷明初復授知州

新昌

呂樸御史臺知事　張觀祐州同知

潘元甫舉學行教諭

明洪武元年令禮部行所屬選求民間經明行修賢

良方正材識兼茂及童子之類六年詔科舉暫且停罷令有司察舉賢才

山陰王儼通毛詩三禮以明經薦除本府教授性方嚴舉動有典則爲一時儒宗

虞文采舉茂才操行科知府　嚴永康舉賢良方正科副使

唐肅有傳　徐伯辰中之工訓導

韓宜可都御史有傳　王武舉明經科通判

周觀政按察使有傳　唐之淳侍講有傳

劉子華有傳　馬壽教授

馬貫知事　趙俶司業有傳

馬恭長史　　姚本知縣

翁敏教授　　陸溥教諭

白範學行爲世所推重膺薦典教勳戚家動有典則弟子遵其教服習清素華紈矜濫靡之習擢青州府同知卒於官　　包大用舉明經訓導

毛鉉授國子監學錄賦性方直澹於榮利善詩歌備漢魏以下諸體爲文高簡有古法

潘允郎中　　胡粹中有傳

黃甲有傳　　陳名裕通判

胡春國子監學錄　　王永言教諭

王誼初强學問事親以孝稱從戍遼陽守帥賓禮之教諸生有法朝臣薦授翰林待詔尋

罷歸閉門著述學者咸問業焉

朱孟麟秘閣校書　錢遜有傳

會稽趙淵有傳　錢宰以儒隱徵有傳

趙文儀塩運使　陸思義游六世孫工部員外

郭傳吏部郎中　宣温參政有傳

宋璣土林苑録事　金方

黄忠刑部侍郎　黄禮知府

蕭山沃野舉明經科知縣　周服

戴謙知縣　陳旺

王士哲舉秀才科縣丞　王士貞舉秀才科給事中陞御史

陳近智　俞期知縣

鄭思敬知縣　張叔剛知縣

黃琮　韓參

沈惟慶同知　陳本

何遜　張本清應聘知縣

洪海舉懷才抱德科推官謫縣丞　朱義道舉孝弟力田科知縣

華克勤以孝弟力田科應聘仕終山西布政使

張圻舉人才科縣丞　趙原德由儒士同知

張經舉明經科有傳　周郁由儒士本縣訓導

方以規由儒士為廣濟教諭善詩文有題詠傳世足稱名家

張原一舉稅戶人才科河泊所官　陳仲淳舉經明行修科員外

阮端卿舉明經科本縣訓導　魏希哲舉老成科知縣

趙善舉秀才科郎中　張箕舉人才科光祿寺主簿

史翼由營州戎籍從靖內難任戶部主事仕終山西布政司

徐端蒙舉明經科任仁和訓導為人嚴正教訓有方

諸暨

王晁有傳　楊維禎有傳

張辰經術文章表裏茂蔚一時紀載多出其手太守唐鐸辟為府學訓導淬礪諸生晝夜

不倦所著有草廬集

陳嘉謨 少有師傳詩文淸麗翰院交薦之辟爲縣學敎授

王祚 僉事　俞軾 郎中

黃鄰 御史謫知縣有傳　陳凱 縣丞

楊思永 縣丞　傅希顏 知縣

蔡權 主簿　錢淵明 知縣

方文懋 齊府典儀　胡文伯 敎授

應琚 知府　王暘 知府

孟濂 知縣　趙用賢

陳韶嘉謨從子也授山陰學訓導工於詩老成文獻爲邑人最所著有苔軒集

胡文穆推官　胡混舉明經科知縣

方得偉國子監學正　胡天民按察使

張彥疆主簿　陳思齊主簿

孟恪教諭　傅初主簿

楊允升通判　馮伯奇知縣

楊鯨經歷　桂昱同知

黃鑒州判　黃希傅知縣

陶涓教授　姜漸太常寺博士

周文煥參政　王堂

梁伯善同知　張次達

蔡員寶副使　張文成

方煇知府　俞蔭

俞祐　郭日孜訓導

倪仲圭通判　朱彥敬知州

趙伯潤知縣　余季良主簿

孫述可主事　余澤副使

翁渚知縣　方寅助教

徐圭　知縣
陳滋　侍郎
戚元義　知縣
張庭蘭　府經歷
郭斯庄　典史
黃鏵
陳宗孟　河泊
錢思誠　府經歷
毛仲輿
周景濂
郭如權　縣丞
黃鐙
駱用賓
孟德　典史
吳國賓　知府
盧以文　僉事
吳鉞　知縣
錢存源　知縣

章信 僉事　　郭如桯 縣丞

郭禮 知縣　　章曾 知縣

壽伯達 巡檢　　王愷之 同知

方自新 舉孝行 有傳

餘姚

車誠 有傳　　胡惟彥 有傳

錢茂彰 副使　　岑文璧 本學訓導

岑宗鶚 翰林院典籍

王至 博聞强記明春秋三禮之學平居恭儉慎默遇事論議援經決史英氣絶識凛如也初爲本縣學訓導終於潛教諭

趙宜生 有傳

許泰 學無不通尤深於春秋授本學教諭造士有方遷知夏邑政教大行著異等之效

王綱 有傳

岑黼 紀善

宋元僖 有傳

岑龔祖 知縣

朱至善 知府

華彥高 訓導

胡文煥 上虞知縣

陳伯瑀

于子安 主簿

徐伯庸 知縣

王在 會稽訓導

吳延齡 教諭

岑文暐

陳弘道 僉事

宋棠　博洽精識議論超越不赴元舉
明初應召備顧問尋引疾歸

王敬常　郎中　　華彥良　諭導

趙謙　二十六年再
被召有傳　　岑道安　知縣

陸雍言　　陳順訦　主簿

徐士涓　習聞典故時事召拜河南按察司副使
風威大行按視南陽郡値久旱士涓戒
禱得雨歲
輒大穰

張貝　字壹民以字行性耿介負勁氣通五經善
文章尤精草書初以薦授開化學訓導永
樂中致仕歸操持
益謹學者共仰之

徐得名　知府　　華孟勤　知府

趙志廣參政　周秉善知縣

李方縣丞　周綱

李純卿主簿　王旭有傳

莫如琛將仕郎永樂中再被召　趙鳴謙御史

華宗善教諭　楊子秀知縣

陳公著　許子中御史

岑如轅知縣　魏廷實給事中

虞文達副使　徐祖厚

錢友仁教諭　錢伯英知縣

史孟通判官　高性之副使

景星　宋邦哲元信子知府

沈永彩知州　韓自寧經歷

宋邦義元信子知府　岑武治經歷

孫尚禮知縣　王景祥推官

鄒濟有傳

上虞

任守禮給事中　許士昇太常少卿

張九容參政　朱德輔知縣

薛文舉質敏好學有聲儒林邑大夫聘爲弟子師後膺文學召起爲太常博士所著有

訥齋遺藁

車義初 主事　朱蓮 知縣

趙塏 國子學正　尹堯順 主事

陸幹 僉事　王友俊 僉事

項齊賢 御史　余恭 主事

貝逈 知縣　謝肅 舉明經科有傳

沈中 僉事　劉惟善 知縣

陳茂才 知府　陳逢源 知縣

魏鎮 知府　貝望 知縣

俞齊　知州　　吳賢　知府

陳山　知縣　　張鵬　同知

張宗嶽　知縣　　屠士弘　知縣

俞誠　給事中　　張尤功　教諭

張公器　知縣

嵊縣

張思齊　舉孝廉科參政　　竺班　南志名得議舉孝廉科知府

屠任　舉明經科有傳　　單季元　舉明經科通判

應彥昌　舉明經科教諭　　尹克成　舉經明行修科國子學錄

許得吉　舉懷材抱德科僉事　　單汝浩　舉懷材抱德科教諭

王璹由懷才抱德科除慶元學教授所著有玉軒集

卜弘德舉賢良方正科御史

單斯泰舉懷材抱德科知縣

單復亨由懷材抱德科授漢陽知縣博通經史尤善詩歌著讀杜愚得十八卷

竺汝州舉賢良方正科知府

張原輝舉賢良方正科同知

劉大亨舉賢良方正科同知

周佳舉人材科同知

邢汝節舉人材科同知

沈信年舉經明行修科參議

新昌

董荆舉博學宏詞科不就有傳

章廷瓛洪武初獻詩於金華授縣丞

呂諒舉經明行修科教授

薛正言初爲訓導歷參政府尹布政使所至政績皆可觀靖難師過山東正言率寮屬

迎見上入正大統命正言安撫
河南奏報稱旨殺坐他事被誅

石潤　　吳佐

石紛　　楊容字宗理刑部尚書

徐堛教授　　張寧副使

唐方僉事　　葉宏主事

蔡德規給事中　　蔡思賢舉人材科知縣

陳仲初府本學教諭　　呂升舉孝弟力田科有傳

陳文中府本學訓導　　黃潮縣丞

章廷瑞元季舉鄉試不仕洪武初例授本府教諭善為詩文所著有耕讀稾

呂不用　辟本學訓導有傳　　俞鎔　府經歷

張觀讓　舉人材科按察使　　呂文玠　舉明經科僉事

呂總　舉人材科惠安知縣　　丁義　主事

呂九思　洪武初授袁州府經歷尋遷刑部照磨持法明允不阿詿誤而終無訾言聞者韙之　　章廷璦　舉明經科

周夔　初授本學教諭陞萍鄉知縣以廉惠稱後以方孝孺黨繫獄友人子呂珮爲代繫死獄中學者私諡貞惠先生　　俞壽　縣丞

章廷琳　舉經明行修科知縣　　何用常　舉人材科縣丞

石如璋　舉聰明正直科通判　　俞文燧　知縣

張世賢御史　呂總舉人才科任昨城知縣

何友諒博通經史不就元聘隱居寧海明初就辟授本學訓導立條約訓諸生

潘嚞訓導　楊仲才知府

永樂元年令內外諸司文職官於臣民間有沉匿
下僚隱居田里者各舉所知

山陰
王叔珩知縣有傳　王叔璲伯府教諭

徐顒浩伯辰子詹事府錄事

會稽
羅友寧　錢綸御史

張禎遜按察司照磨有傳

蕭山 秦豫 舉秀才科有傳　韓景生 舉人材科知縣

王平 舉楷書科縣丞　張子俊 舉經明行修科主事

翁文璲 舉人材科典史

諸暨 馮賚 本縣縣丞　孫宗海

俞允承　蔣誠

楊善政 通判　俞性中 衛府典寶

蔣柱　宣相

張潤　孟臨 府知事

章伯升 序班　陸時 倉大使

餘姚 宋虞生　陳叔剛舉賢良科有傳

方達善巡檢　周亶知縣

宋緒　趙膚廸二人同修永樂大典

宋孟徽紀善　朱德茂

張廷玉　劉韶二人同修永樂大典

虞煥知縣　周徽衛經歷

項端訓導　舒子占

夏昂知州　魏廷相知縣

上虞 嚴思見主事　盧用弘知縣

魏原海主事　徐徵僉事

朱孝錫紀善　劉惟傑知事

盧用端教諭　周叔儀知縣

沈孟齡知縣　劉正言郎中

吳昌　丁和縣丞

嵊

高時澤舉經明行修科母老乞歸　張遯舉經明行修科長史

張翰英舉懷材抱德科知縣　王佐舉賢良方正科知縣

喻克銘舉賢良方正科知縣　龔文致舉抱材抱德科按察司經歷

史進賢舉懷材抱德科知縣　王美舉孝廉科同知

喻顯中舉人材科典史　應均立舉賢良方正科鹽課提舉

王滮舉賢良方正科縣丞　錢莊舉懷材抱德科訓導

王文鉉舉賢良方正科知縣　黄彥通舉人材科巡檢

新昌吕貴衡舉人材科知縣　石敬顔舉經明行修科知縣

章士汪舉楷書科中書舍人　何德彰舉賢良方正科通判

何廷玉舉賢良方正科知縣

宣德年

會稽嚴緣舉人材科知縣

蕭山沃能舉明經科禮部主事終通判

諸暨　黃餘蔭縣丞　　方泜主簿

魏宗杲主事　　翁惟信縣丞

翁惟謹

餘姚　陳贄太常少卿

嵊　李克溫

新昌　朱叔端

正統年

山陰　徐光大潛心經史文行爵然以遺逸薦爲句容學官擢國子丞律身正物益篤以勤而髦士悅服終楚府左長史有久菴藁

會稽　章璠　瑾之弟都御史

蕭山　汪景昂　舉楷書科太常少卿

諸暨　酈軾　主簿　　楊貲　典膳

蔡烱　主簿　　陳洙　左軍都督府都事

王璵　訓導

餘姚　潘楷　有傳　　宋楷　教授

胡淵　布政司　　魏瑾　縣丞

王深　教諭　　陳蘭　教諭

方端　訓導

上虞俞謐縣丞　張鑑州判

張燦

嵊王蘭舉經明行修科訓導　韓啓舉經明行修科紀善

張士服舉賢良方正科

景泰年

山陰趙偁教諭　馬陞教諭

會稽胡詮州判　胡諧

餘姚邵昕知縣　楊文奎

葉采　葉九畹天順中再被召

周思齊知縣　邵巇經歷

上虞薛伯順縣丞　吳孟祺訓導

嵊韓昇啓之弟舉賢良方正科知縣　王高蘭之弟本學訓導

新昌呂璠舉經明行修科教諭

天順年

山陰胡廷倫紀善

會稽沈璞性之子

餘姚趙顒

嵊史昶舉賢良方正科知縣

新昌甄圭舉經明行修科有傳　胡祺舉人材科縣丞

成化年

山陰徐鑰光大子訓導

會稽章慈瑄之子縣丞

蕭山張玘舉經明行修科縣丞　王鎬舉秀才科知縣

魏完驥之子舉楷書科知縣

餘姚魏溥雲南籍訓導　陳策縣丞

上虞張瓛知縣

弘治年

蕭山蔡友舉懷材抱德科授延平教授工詩文書法俊楷得者寶之

餘姚莊懌縣丞　楊滚縣丞

上虞郭彥安州判

正德年

餘姚許龍　徐子元

周禮

上虞徐文彪舉賢良有傳

紹興府志卷之三十三終

紹興府志卷之三十四

選舉志二

歲貢

歲貢之制自明始府學歲一人縣學間歲一人大都以年資爲序毋正副各一人試其文不謬者而遣之其後臺省建議以爲貢必以序率衰耄弗堪任使於是著令以三人或六人內選之然常格廢而倖竇開貴介子弟方乳臭而貢太學矣於是又謂非便仍從舊制云乃若恩貢選貢唯國有大慶間行之我

朝定鼎以來例亦如舊今序錄於此

明洪武年

府學　阮吉祥　鄧宗經　蔣顯

錢述　駱庸　方季仁

徐士宗有傳　錢魯　繆南璇

馮皓民　馬俊縣丞　王道

錢倫　平珎知事　蔣原

金鎬　郭淵　張煥知縣

金安同知　張秉達以上俱山陰人

山陰　趙貢文　周得中知縣　薛可行御史

陳性善　邵謙縣丞　陳嗣宗知縣

王惇主事　金昺御史　陳文可縣丞

璩志道　王吉　張齡同知

王理教授　魏勝安　陳蒙

濮名布政　潘達

會稽　王延壽給事中　王會同推官　鄭興宗知縣

葉昇主事　陳成教諭　史矩

章靖主簿　陳理主事　李牧教諭

徐壽　王本道主事　劉昱經歷

董篪　王雄通判　陳庸主簿

孟處中　賞震理問

蕭山蔡艮知縣　王震都司都事　徐應節

殷輅　蘇壽主事　王仲謙知府

陳冕都督府都事　王濟　賈德善知縣

史巳安縣丞　張顒　方儒御史

餘姚趙學曾　聞人善慶　朱聯庚主簿

舒好學刑科都給事　王均保　孫德滋教諭

趙元輝 知縣　陳敏　吳養中

徐安善 通判　吳壽安 衛經歷　馮吉

徐廷圭　胡季本

上虞

鍾壽　陳仲琳　朱秩

武用文　呂智 知府　俞息 知府

李允中　周愼 知縣　陳斯立

盧伯輝 教諭　徐申 主事　杜泗 教諭

陳秉 州判

諸暨

婁宗海 給事中　周宗祚 倉副使　張允恒 行人

張鏞序班　傅文昭按察司知事　董誾

顧濬　壽奭　王爾堅主簿

朱景純知縣　蔣文旭御史　婁衡僉事

方杜倫國子學正　靳干通判　許用賢教諭

金鎮主事　戚文鳴御史

嵊

胡觀　沈常　高如山僉事

毛道德主事　袁道溢知縣　宋莊主事

王谷保　李恒　張德壽

俞韶兵科給事中

新昌 蔡用强　王助主事　王同通政使

楊亨主事　楊世清　朱泚

黃澤主簿　張德規都給事　王新民同知

吳希哲國子監丞　丁湘　何泰刑科都給事

黃宗由知縣　楊宗哲　王伯壽通政司參議

盧文初知縣　梁得全僉事　張定禮部主事

永樂年

府學 蔣永亨　尹勝　周然

徐穆　宋爾堅　盧鈍

金晟　趙魯　潘綸

陳愷　虞怡　趙煥

趙孝廉　石璺以上俱山陰人　龔俔會稽人同知

吳昉推官　王資深縣丞　劉蘭同知

陳讓　王淵治中　王俊知縣

胡增　周勝吉以上俱山陰人

山陰王友慶　施安　應伯祥

陳恕　沈肅　楊銘

張謹　朱文淵國子學錄有傳　趙瓚

俞永　呂柰同知

秦端　吳思齊　賀安

會稽陳賢御史

周順左布政使有傳　周得安縣丞　陳道生知州

趙克禮　謝霦學正　潘敬經歷

錢侃知縣　張順經歷　錢驥

丘壽　許良　范灝員外郎

張定吏部主事　姚勤　王璵訓導

金貞知州　任孜同知

蕭山　鄭堅御史謫通判　周能御史　鄭滕

張質同知　吳崖知府　湯裔

施安　孫忠主事　賈復

何善　陸本道　賀隆員外郎

何濬知縣　王信提舉　董驥知事

婁轅主簿　顧提　毛庠鹽運司同知

張璣知縣　金蒙

餘姚　陳用銘通判　岑震之縣丞　胡與賢郎中

胡思齊員外　顧立僉事　尤景隆主事

方叔夔　段慶善　王壽通判

劉曾生　何驛　趙泰康衛經歷

徐肅彰主事　呂時習知縣　李志伊同知

戚熙　韓安遜經歷　毛志倫

任茂卿通判　汪悠久知縣

上虞

趙聰教諭　趙象　葛啓御史

陸秩御史　管睦推官　范德倫主事

張謨縣丞　張貴珉州同知　鄭季輝御史

王仕昇同知　車佑知縣　貝昇

厲秉彞御史　朱慶知縣　顧琳

許泗奉祀　張觀知縣　葉順理

王澤主事　蔣秉　朱復知事

車勿縣丞　徐惠知事

諸暨朱子名訓導　陳同知縣　黃士華知縣

鄺俊知縣　趙秩州學正　王安知縣

王志中同知　周興州同　馬宗昂知縣

方倫知縣　鄭弘同知　孫禕知縣

許子恭知縣　陳寶知州　魏孚縣丞

劉穆 都督府都事　趙賢　程永文

金謙　胡怡　蔣忠

張剛　俞景昂 典史

嵊史鯨 知縣　王可彥　宋純 知縣

王復阜 主事　鄔顯名 典史　袁道距

竺原轤　王恕敬 知州　張謙

俞克新　胡德潤　陳士基

史成尹 教授　施重 同知　王胥道 以楷書貢

馬欽　張琮 知縣　吳文 知縣

任倫 知州

新昌丁彥信 同知　王溥 知府　呂童 有傳

盧文杲 通判　張崇岳 縣丞　王叔光

呂九疇　張世容 教授　石思亘

吳宙 布政司檢校　求琰 有傳　章良民

周同 通判　張友邦　石文翮

張琦 知縣　吳經　安盤 主簿

俞尚絅　章敏

宣德年

府學　孫讓　韓賫性州判　賀徽

葛賢　劉實　周倫同知以上俱山陰人

章敬會稽人　吳俊　范璇

鄭愷主簿以上俱山陰人

山陰　施廷璋　任高推官　魯泰訓導

王道訓導

會稽　史恂通判　賞瑨同知　袁達知事

徐霦凡三任教職能以師道自重鄉壤取法焉　陳真推官

鄭正經歷

蕭山　黃道吉衛知事　金祐訓導　曹寧知州

徐益知縣　沈宿判官

餘姚　宋璘推官　翁順安　許南木訓導

蔣文昂訓導　宋淏知縣　施敏常訓導

上虞　虞鏞知縣　盧瑜倉副使　石蒙知縣

陳鷹訓導　包祥教諭　孔慎

諸暨　陳文浩都司斷事　盧立知事　陳祥推官

王彥常知州　宣載教諭　瞿文偉

嵊　婁希賢知縣　俞機知縣　姚孟章

王永祥訓導　張宗義　王玉田知縣

黃孟端同知

新昌朱叔端　章以衡　吳尚清

吳永軻衛經歷　王鍾敔知府

正統年

學蔣訓　滕霄　葉蒙亨縣丞以上俱山陰人

錢金會稽人　祁福　徐綬通判

唐振　王理知縣　徐震以上俱山陰人

山陰楊全　倪侃　趙師祖

李朴　祝濟　朱臻

趙瓚

會稽盛魯　金讓同知　孟欽知縣

施章知縣　李春知縣　張猛紀善

王俊知縣　陳傑　錢巇

蕭山王臣訓導　朱瑛知縣　顧讓知縣

方膺縣丞　俞能知縣　徐貞

趙昇知縣　鄭甫訓導　韓璵提舉

成賢判官　嚴端同知

餘姚嚴迪知縣　張慶通判　胡孟珪訓導

谷寧　徐政知州　李文昭教諭

潘轅　錢本餘　陳璨教諭

陳謨　姜鍾

上虞何禎經歷　吳隆縣丞　沈晃教諭

劉綏知州　壽綱教諭　傅巘通判

張彝經歷　盧怡　張珮

謝琦知事

諸暨殷增主簿　金俊知縣　何琚知縣

趙理 阮剛縣丞 陳旭知縣

賈愚知縣 俞安 俞儁

嚴翃 王琳知縣

嵊 史浩傳衛經歷 趙斌府經歷 王以剛主事

王鈍天性孝友動遵矩矱任漳州府訓導以母老乞終養後以子貽貴贈儀制司主事

竺時達推官 陳昱府照磨 江鍊

新昌 呂鵬知縣 章以占衛民之子 黄莞知縣

楊巨清府經歷 蔡構國子助教 黄鈿知縣

呂景融推官 王康州判

景泰年

府學　王恭　胡濬俱山陰人

山陰　俞英　胡進　金誾

沈澤

會稽　焦茂　傅閏　錢祚

王黼

蕭山　方正都司經歷　朱顒知縣　楊璀衛經歷

張瑞教諭　徐蕃知縣　張紀知縣

餘姚　虞憲縣丞　黃驛一作吳傑　錢英訓導

上虞 趙誠 訓導 有傳　盧堈 經歷　陳奇 訓導

諸暨 張祿 主簿　章明 宣慰司經歷　俞景

張銅 縣丞

嵊 胡鉞 知縣　王貴舟　相永忠

陳勲　王樞 有傳　黃塢 縣丞

劉蘭 同知

新昌 黃宗禮　章端 縣丞　黃玲 縣丞

翁諒 州判　吳方 訓導

天順午

府學　陶博知縣　袁敬俱會稽人　范璇知州

趙瑋教諭　王恭　秦鉞

朱宗岳純之子　宋彩　尹溥

陳綬　蔣敬　趙謣

朱士學授瑞州推官繼任河間以廉介自持初至却皂隷緡錢長貳咸義而從之遂寢其額剖決詳明民無冤滯尋乞休家居杜門博古鄉里重之

王暉教諭　諸雷　駱傑知縣以上俱山陰人

山陰　沈暐訓導　周時中　金本仁訓導

蔣鑾教諭學行並重於鄉　沈澤　馮節

張能　張律　吳映

楊全　周章主簿

會稽

董鍊　張闢經歷　陶懷傅之兄

董駿都司經歷　馮則　張勉

嚴顒　周瑄　陶振

范鑣　余旺訓導

蕭山

王康訓導　胡旭知州　何評

沈俊衛經歷　王誗　林華知縣

王瓊知縣　王勉府檢校　倪杲

俞振 縣丞　朱淮 府經歷　張霖

沈淸 按察司知事　金玉 知縣　汪士昂 州判

沈恭　俞完　王廣

餘姚 潘昜　邵懷端　汪叔昂 知縣

程傑 訓導　于慶義　孫彬 教諭

殷輅 教諭　邵珉 教諭　許晃 教諭

沈文彬 教諭　王傑 綱之孫贈禮部侍郎　岑和 推官

楊文璿 訓導　華冕 訓導　吳鵬 縣丞

周玉衡 訓導　方肅 典史　錢淸 縣丞

上虞張逵　謝僖　鍾偉照磨
陳衡縣丞　厲雍教授　吳嵩教授
鍾初知縣　范璉教諭　車晟
余良訓導　王讃　羅祿知縣
周韶州同　周諒訓導　陳瑗知縣
顏杲訓導
諸暨陳貴　俞轂　張澄訓導
馮銓訓導　何奎知縣　俞仕清鴻臚鳴贊
楊豹　章矩大倉使

乘尹儀訓導　陳和縣丞　錢濟紀善

馬艮教諭　胡昱訓導　謝翀訓導

劉篪主簿　宋郁教諭　宋敏訓導

張軫訓導

新昌丁航訓導　黃藻教諭　楊春訓導

蔡承性警敏善詩文父嘉靖正統初戍遼東病卒承哀經徒步至遼東得父屍抱哭幾絕扶柩歸葬以孝行聞後任德化教諭正已率人多所成就

王溢教諭　俞瑄縣丞　呂璡典史

俞積縣丞　陳哲主簿　王孟文縣丞

梁華　呂初　求瓚知縣

錢鑑教諭

成化年

府學壽瑞　劉濟　王詵以上俱山陰人

章惟　胡福以上俱會稽人　趙彩縣志云胡暹

潘淳　張灝　章碩同知

韓顯　虞書　朱顯

周貞　金廣　盧瀚

高勤　張珣　劉寧

朱綖訓導學行爲士所重尤長於說理士類多宗之　趙昉

陳韶　郭璲以上俱山陰人　莊肅餘姚人知縣

山陰趙瓚瑋之弟知縣　俞英　趙偉

郭宗玉訓導　祝輔訓導　葉瑄教諭

毛瑄主簿　馮克溫教諭　陳順教諭

陳嵩訓導

會稽邵峻濂之子同知　陳彪訓導　鄭疇教授

張閑訓導　徐耕霦之子訓導　馬匡教授

范琬訓導　秦鑑　王冕

蕭山黃傑通判　楊昇教授　毛淵教授

來寧　何淮縣丞　李欽教諭

毛吉衛知事　朱諫州吏目　陳殷知州

童顯章訓導　俞檜訓導

餘姚鄒勉孝豐籍教諭　陳渭　華山訓導

吳泓訓導　魏濙府經歷　邵驥訓導

錢積訓導　徐韶衛經歷　柴和訓導

朱篨訓導　胡鑑訓導　徐儀訓導

上虞王恂知州　陳庠知縣　唐頊

趙徵 理問
龔球 經歷
劉燦 知縣
賈暹 教諭
鍾圭 訓導
趙銓 提舉
郭寶 訓導
謝浙 訓導
朱鐸 教諭
諸暨 蔣憲 知縣
章敬 知縣
駱章 縣丞
傅璟 推官
鄘祥
王禎 理問
楊滔 衛經歷
陳輅 都司經歷
金墜 縣丞
錢鏜 縣丞
姜鍾 教諭
樓敏 教授
嵊 王昆 鈍之姪
楊綺 遞運大使
馬政 訓導
周泰 爲人敦行好修既貢入太學以母老疏乞歸養遙授廣東布政司都事人稱爲孝廉

先生有菊莊集

張昇 訓導　王輔 任山東陵縣訓導有寓陵集

史睎 知縣　婁克剛 訓導　楊浩 訓導

李穆 訓導　求鈴 訓導

新昌

石綸 訓導　劉暹 訓導　章鵬

楊洪 教諭　章兼 訓導　張儀廷 教授

梁僑 教授　翁申 訓導　梁伋 通判

張泰夫 訓導　王瑕 教授

弘治年

府學　金灝會稽人訓導　張正詔　王杲

吳廷璟山陰人訓導　田宣山陰人訓導　胡儉山陰人訓導

陸魁山陰人伴讀　汪廉會稽人徽府紀善　周夔山陰人教諭

季翺會稽人駿之子　俞瓚山陰人　錢纓山陰人

張以震山陰人教諭　顔悦山陰人訓導　韓恭問

劉騏山陰人教諭　韓讓會稽人訓導　謝顒顯之弟教授會稽人

秦世濟山陰人推官　徐軒山陰人

山陰　王鈿蜀府教授　吳矜　毛榮

俞瓚訓導　劉鏞訓導　勞臣訓導

張昕訓導　朱鏶　韓洪卿紀善

漏眞訓導　洪倫通判　錢倬

王愈

會稽張雅　孟韶訓導　秦鐸訓導

馬振訓導　沈珪教諭　傅濙訓導

車鉦份之兄　羅騏訓導　錢鑌訓導

魯禎　章槐國子學錄

蕭山俞霙　王達古州吏目　李璋州吏目

王所　王鈍府檢校　孫昱教諭

沈瀧 教諭　張軒 訓導　趙鏡 訓導

沈鍌 環之子訓導　沈汚 知縣　沃寛 教諭

餘姚 陳瑋 由武學教授陞建寧同知　孫士元　陸恒 訓導

鄒江 訓導　陳範 訓導　陳銓 訓導

華騏　鄒世隆 孝豐籍訓導　胡玫

翁穆　徐鳳 訓導　吳潤 雲南騰越籍教諭

諸謐　王鎬 訓導

上虞 薛貴 經歷　何璉 教諭　趙瀾

葛銘 訓導　杜海 訓導　范塤 知縣

錢暠教諭　朱翊州判　陸蕆訓導

虞璧訓導　王鏞教諭　鍾球教諭

諸暨張琯教諭　宣增　楊琦

陳泰訓導　章誠府經歷　呂濟訓導

鄒瓚訓導　王琦　陸淪

周謐知縣　駱珮訓導

嵊張濬訓導　張址教授　王荃瑄之姪

過誼訓導　應旭訓導　張倓教諭

周嶧授訓導遷教諭端厚有學事親以孝問所著有占愚集

張曜 教諭　韓顯 訓導　裘芝 訓導

趙岑 推官　鄭軫 訓導　樓懷岑 訓導

新昌 俞巽　王瓚　俞和 訓導

吳燧 紀善　章岑 訓導　呂夔 教諭

董廩 訓導　俞振昌　呂訥 訓導

何宇 貢至部改襲父鎰廕官至太僕寺丞　貝恢 訓導

石廩 州判　呂謀 訓導

正德年

府學 王騏 山陰人教諭　章材 會稽人槩之兄訓導　章卓 會稽人教諭

周淵會稽人鑑之子紀善　章檀會稽人槐之子訓導　駱軒山陰人巽之子主簿

陶文奎　沈慎德訓導　高悌閏之子

陳璟　汪穀以上俱山陰人訓導　胡慶會稽人恩之弟教諭

王瓌山陰人　張紋山陰人　章悊會稽人

胡易山陰人　陳玠山陰人轂之子　董本會稽人教諭

陳九皐會稽人純之子知縣

吳鉞山陰顯之子教諭　趙意訓導　錢曙訓導

莫震訓導　唐偉　祝深

徐濤經歷　施正　薛笛周府教授

周璜

會稽　章文奎訓導　沈炳訓導　章尚和雲南籍貢紀善

范燦訓導　葉嵩訓導　趙錦知縣

黃壤武學教授　邵賢　陶詩知縣

吳价教諭　范汾知縣

蕭山　何舜卿衛學教授　楊理　盛瀾王府教授

丁洪訓導　翁文訓導　王宏訓導

任沛　徐行訓導　黃裍主簿

餘姚　孫繼先輝之子　韓昱昌化籍　楊槩

王志四川越嶲衛籍知縣 許岳南傑孫通判 鄒思永孝豐籍訓導

胡瀾 張漢教諭 魏芝

孫煌芝之死後貢煌教諭 許夔瀚之子訓導

上虞

葛瑪訓導 茅圻訓導 王仁訓導

竺恕訓導 朱文簡教授 徐大輅理問

俞元直訓導 葛華訓導 潘鍠州學正

諸暨

朱琨 石現 吳祥

楊淳教授 駱鳳岐瓛曾孫教授 石瑛訓導

陳文卿訓導 馮琥教授 陳鵠都司斷事

何汝礪

嵊　胡淮　教諭有傳　　裘孔華　訓導　　鄭燧　州判

裘策　訓導　　黃榮　訓導　　謝樓　府知事

馬雲鳳　訓導　　姚仕朝　　鄭經

新昌　呂卿　教諭　　俞朝文　教諭

呂宗信　端重無戲言博涉經史初以貢讓其友後兩膺教職以孝弟廉恥不欺爲教餽遺無所受門人仕浙者往往恤其後焉　　丁鋐　訓導

俞準　　劉完　訓導　　俞津　訓導

呂華　　俞振翰　教諭

嘉靖年

府學

余憲 訓導　趙僎　杜昇 三江所籍

金桃 訓導以上俱山陰人　沈蒙 教諭會稽人　吳鸞

林鳳韶　丁文恮 訓導　陸文通 以上俱山陰人

章元純 會稽人　麥世華 山陰人　周晋 貢元

劉本 棟之弟俱山陰人　陶雲漢 同知會稽人　張檄

田龍　呂金 以上俱山陰人　吳文俊 餘姚人

王舜章 山陰人　陶恭 訓導會稽人　沈芳

金梓　陶陽鳳 以上俱山陰人　章守道 訓導

馬呈泰推官俱會稽人　張津山陰人　董頻豫之孫

余璀俱會稽人　朱第　張惟聰山陰人

汪賓　薛立　沈安仁訓導

徐恩紹興衛籍　劉世績　徐夢麒夢熊弟訓導

馬文顯以上俱山陰人　胡滸會稽人　徐子麟餘姚人

王良知教授　朱安邦　駱雷

周大辯以上俱山陰人　朱元亮改名昇　姚文津訓導俱會稽人

諸森　諸應相俱餘姚人　龔漸會稽人

汪以榮餘姚人　章允和　沈棵

錢堯中知縣以上俱會稽人　許智山陰人

山陰

陳文訓導　張遠訓導　諸禕訓導

馮貴訓導　駱居敬　張牧

朱亩訓導　周相州判　胡方禮

任大章教授　沈渾　王言

孫瑛　朱安道　徐夢熊教諭

祁鋼　王景明　周景恒

錢景春　韓宗　滕謙

胡閂　王舜明　金璲

周文耀

柳文 歷高郵訓導婺源教諭皆有聲遷都昌知縣甫蒞任而卒爲人醇謹博覽能詩文有詩文刪鈔若干卷

會稽范岡　倪實 教諭　陶試 訓導

邵文琳　倪慰 訓導　金堦 知縣見府志

徐綱　王俊 縣丞

馮德容 知縣博古能文有集若干卷　秦倣 訓導

馮文德　魯炫　章乾 敞元孫

朱景祿 訓導　馬堯相 知縣見府志　陳慥 教諭

陶廷奎 試之子任武學訓導爲人長厚子承學爲南禮部尚書贈如其官

朱袍 訓導　錢翔 學正　陶天眷 訓導

陶師道 教授　陶廷進 訓導　黃鍾 教諭

陸慎　章元組　魯時

蕭山

陳欽 教諭　何大猷 訓導　韓遷 教諭

陳讓 訓導　韓昆 訓導　蔣錫 訓導

來膺薦 知縣　來觀 教授　何仕楨 教授

祝禮 通判　徐旭 教諭　黃當學 教諭

支澤 國子典籍陞通判　徐景元 訓導　吳瑞 教諭

張鍈訓導　樓祁訓導　徐便

王汴　黃九功教授　孫勳訓導

徐卓知州　翁復明教諭　汪耀

徐大中　毛瑚訓導　屠堃訓導

黃九川懌之子教諭

餘姚陳策　吳應時　景華

胡慎　鄔憲　鄒思温

諸績　孫墀附父燧傳　羅應奎永定衛籍縣丞

黃鎣　張建　鄒絢

陳大經　吳必訪　汪繼辰

潘秉倫　孫邦直　王子棗

盧義之　黃驥　黃文煥

楊稿　陳文顯　徐瑚

胡翰　陳榜　王正志

徐克純　王時敬　黃汝通

上虞丁純訓導　沈琦訓導　陳雷訓導

朱翚訓導　成漢訓導　徐球教諭

陳德明學正　陳相訓導　羅袞

楊楷訓導　張鍵教授　張文潛教授
陳繪知縣　陳宗岳教諭　王仕訓導
羅瑞明訓導　羅守義學正　姚存諫訓導
唐艮才訓導　成維訓導　茅封訓導
徐國賓教授　唐艮心教授　徐言教諭
謝鳴治教諭　石轅訓導

諸暨

王爵訓導　張雨訓導　馮軒
徐浚仁衛經歷　王溥博　俞耿推官
駱騰霄珊之子　呂欒知縣　駱驗鳳岐子知縣

楊承恩　俞玠 訓導　呂相

鄭灃陽 知縣 欽之子　陳相宸 教授　駱騰光 訓導

朱瀹 教諭　俞天禎 訓導　駱騏 鳳岐子 教授

駱九功 訓導　張思得 教諭　陳紹科 翰英子 審理

楊承惠 訓導　陳仕華 州同　姚德中 教授

邵廷潤　宋承祿 訓導　錢鐸 教授

陳寬 元耶孫 訓導

嵊

馬輝 知縣　應暐 知縣　鄭堂 教諭

黃懌 訓導　婁懷奎 訓導　裘仕濂

馬充任江西德安縣知縣性質古絶
干謁明敏博覽有馬書櫥之稱

周晟任山東齊河縣知縣資敏超羣爲詩文有
奇思時多僦講學晟獨從文成公遊教授
生徒性嚴難犯士夫接
丰度辨博皆傾心焉

邢舜祥

高瑞　張鐮訓導　尹奎

鄭騮教諭　胡槃訓導　鄭文教諭

袁旻教諭　江憲臣訓導　鄭宸訓導

周謨宸之從兄賦性端方讀書手不釋卷平生
無華服言笑不苟爲靜海訓導待諸生嚴
而有恩相信愛如父子尋致仕
歸後以子汝登貴贈工部主事

喻一貫訓導　胡樂訓導　竺該訓導

袁曰恩　訓導　尹丕中　教諭　鄭應元　州判

裘汝洪　訓導　吳世輝　教諭

新昌

陳瑄　教諭　呂良顯　知縣　呂廷越

潘冲　訓導　何宙　州學正　曹宏　州學正

何絅　縣丞　俞汞　推官　俞休　訓導

潘日升　任邵武教諭侍士嚴而不苛著四箴使諷詠之士知敦倫理焉以子貴乞休歸兄弟怡怡足跡不入城府歷贈太子太保禮部尚書兼學士

董茂醇　訓導　黃祐　訓導　張涓　訓導

章守忠　訓導　何純　陳大昌　推官

陳一賢訓導　俞振逵教諭　呂雲江

呂光遠訓導　呂光化知縣　俞從禮教諭

呂光渭　呂光升通判　王世相教諭

何裳教授　呂光演訓導

隆慶年

府學王岷山　李尚賢訓導　朱緝知縣

章湘　劉楠訓導以上俱山陰人　孫應龍餘姚人

王子闇

山陰郁文言之兄　朱應賡之兄貢元　倪來鵬縣丞

王浤訓導　史鵠

會稽　沈弘宗　陸宗儒訓導　陳欽

沈梗

蕭山　來三聘　沈杏宋之弟訓導　徐大夏教授

施一言訓導

餘姚　宋惠　鄒名　錢應乾

葉遴

上虞　沈遵道訓導　陳里　劉熠

楊繼時錢塘籍知縣　陳和教諭　葛焜同知

諸暨　江亘孫　俞序知縣　傅良鯁

俞臣良　張思聖

嵊　鄭大輅　邢德鍵州同　王嘉相知縣

趙漳州判

新昌　呂伯溫訓導　章國舜知縣　陳九韶教諭

呂明哲教授

萬曆年中有佚屢訪之不得

府學　韓陞倫　沈元科俱山陰人　胡正善

孫汝亮俱餘姚人　祝延年訓導　王鎜尋卒

劉煬以上俱山陰人　陳鳴紹興衛人　汪以華

呂式俱餘姚人　陳宗紹興衛人訓導　楊大成會稽人

徐思愛　王詢俱山陰人　錢應量餘姚人

章繼省會稽人　俞世推訓導　施夢麒山陰人州判

山陰潘思化訓導　宋林知縣　周之德

夏文祖　周允　劉至

史明良　夏櫝　許承祖　俞光明

會稽馮韶　朱政知縣　陳絅

李鳶　汪登　吳櫝

商爲臣　章夢說　章士襄知縣

陶安齡副榜貢　范紹裘通判　王麟同知

袁大鶴州判　沈雲中訓導　沈應禮知縣

蕭山來文英主簿　來士賓　蔣育賢州判

蔡應選　丁鳴春訓導　樓宗周訓導

吳應桂訓導　黃世濟　來汝頤

陳言訓導　曹樹聲選貢知縣　張諒教授

黃師賢選貢改名可師　戴文明教諭　徐希龍通判

張維垣州同　來士學州判　朱仕能訓導

蔣育秀訓導　黃三策教授　黃朝策教授

來立相　鄭舜尚　黃三尚

徐希穀教授　來艮相　張訓程教諭

餘姚毛懋仁　陳宗信　俞楠

童文　胡謇　王子佐

張應元　胡正善　孫汝亮

汪以華　呂式　錢應量

陳邦奇　楊大亨　鄒登庸

姚程　高廷桂　韓洵

邵穎達　盧夢桂　黄朝選
黄夔　姜效乾　張元化
葉以圭　王承訪　張讓
胡汝器　徐廷銓　張熲
諸希獻　徐應斗　朱宇道
邵應祺　舒相　徐如堯
韓孟　吳震　錢誥
翁日可　陳萬言　許瀚
趙應寵　趙應機　陳本鎔

上虞　徐汝中訓導　張源訓導　陸鯉

陸汝溥訓導　陳泰旦　陳希周

潘清光　劉進身　章尚綱知縣

丁培訓導　成大器

諸暨　黄璧　李秀實　駱夢周

沈資　方策　楊天盛

陳相　張選　華岳

徐有悅　何敏　陳廷伯

鄭之士　何昇　酈文相

嵊　袁仲初 訓導　竺天街 縣丞　周梧 訓導

袁大恆 訓導　周紹祖 訓導　鄭甲 訓導

鄭王政　周夢斗 知縣　周維翰 經歷

鄭化麟　章仁 訓導　周士麟 訓導

吳越岳　周夢神　王嘉晏 知縣

錢萬貫 教諭　周邦銑　鄭鳳儀

于謹　邢化龍 知縣　周光臨

丁則綬　葉應斗 通判　錢大敬

新昌　俞時倫 教諭　章志良 教諭　張思齊 知縣

呂光品　俞邦韶訓導　甄應奎訓導

何九功　呂繼儒　潘復初

俞丕平　潘紹科　俞夢盛選貢

俞應哲　呂瑞桂選貢　呂曾見

王三畏　呂繼橋　張延綬

章國善　章晴　章應周

王如極　俞應憲　呂天章

呂初泰　張立朝　王應乾

潘復祈

泰昌年　元年辛酉恩詔天下府學貢二人縣一人

山陰　包梗　恩貢經歷

蕭山　來維觀　恩貢知縣　　施所學　教諭

嵊　丁彥伯　恩貢知縣　　張我綱　恩貢

新昌　俞正言　恩貢

他邑闕佚

天啓年

府學　闕

山陰　錢大用　知縣　　王賓　　諸希夔　寺丞

張鎡　朱起元　王如琨選貢

祁駿佳選貢　尹懋中知縣　胡叔昌知縣

會稽周官教諭　章正宸恩貢　陸份副榜貢

孟大禎　錢節　金綱恩貢

張應朝恩貢通判

蕭山施所學教授　來佑之　鄭文兆教諭

王思孝訓導　田有封訓導

餘姚邵純仁　許兆金　邵應祿

朱鉞　史可章　朱鐖

潘之夔　許鐐　姜鏻

朱銑

上虞　竺鶴鳴　胡多順恩貢　魏元徵

姚龍光　陸耀卿拔貢

諸暨　郭四聰　周希旦　酈光祖

章志賢　郭元佐

嵊　王禹佐恩貢通判　吳應雷經歷　袁祖乾

尹志娗

新昌　陳宏中恩貢　王應試　章士傑

章宗愚

崇禎年

府學 李肇開 恩貢知縣　王萬祚 知縣歷御史　趙士彥 知縣

章志襄 知縣　祝汝楫 知縣　禹貢

朱起元　王道行　樊一元 訓導

錢忠耿　王文暮 訓導　朱奇英

賞奇璧 知州　張煜芳 主事　姚夢熊

胡其性　周懋文　史奕楠

山陰 錢士龍　鄭至和　茅台[illegible]

陶萬象　祝艮弼　祁熊佳選貢

王之臣知縣　王楫副榜貢知縣　胡若琦

繆伯俊　徐日知　劉[illegible]

王敬承　祝汝霖　孫鰲

會稽俞應簋　陳紹誠恩貢　阮志純

王業澄　錢象祖　錢履吉知州

陶漢副榜貢同知　陶履卓拔貢　王中台

金相　祝汝樽　史長春

錢長吉　趙之蘭　徐齊有傳

蕭山汪之度　張雲鵬　黃守部

朱襟　來紹曾　來集之貢元

沈振龍　張炳祥　田萬鏞訓導

黃可賢　翁德洪　來道程

王之祚　來道蹊　來礪之

施是龍

餘姚陳士繡　陳公時　諸渭

史可鑑　史可贊　姜應望

徐重明　陳王前　徐進明

宋德滋　陸爲楠　胡遵度

龔宗宿　朱標　羅粹美

黃宗會有傳　邵秉孝　邵明善

上虞姚九章　陳汝璧副榜貢　金劉勃

郭振清　周天祜拔貢　張益

葛泰元　羅覺來　薛仲龍

姚烶

諸暨壽秉初　張德侍　錢方肅

孫必賢　酈用賢　郭四寀

邊士彪　宋存殷　鄺胤昌有傳

嵊

吳廷珍知州　周儀世恩貢　唐民敬學正

應信遇教諭　厲汝恩訓導　徐一鳴

胡永賓教諭　姚來學訓導　尹志燧

王心淵　徐行　金之聲

鄭漢千　王徽章　吳劬恩

章日選　吳鉉　鄭奎

新昌

呂曾模恩貢　呂同尹　俞國猷

呂曾蟠　王茂齡　韓承南

潘大成　呂之和　俞策名

陳昌鼎　潘志遂　王昌邦

呂希遬　呂穀　陳心銘

皇清順治年

府學高選 選貢　葉廷樞 選貢知縣　駱復旦 選貢知縣

朱禹錫 恩貢　王元基　趙嘉美

曹九霄　繆伯景　馬世禎 州判

盧洪顥　宋德滋　錢其恂 知縣

錢以禎 知縣　魯夢泰 知縣　吳元遴 訓導

傅列軫 訓導　鍾國斗 知縣　宋希賢

劉鳳文 訓導　王兆脩 訓導　周祖儀

岑櫄　王光翰　趙以昌

周大受　余恒 拔貢 知縣

山陰 王文明 教諭　王三謙 恩貢　潘潤 選貢 知縣

李宗　傅臚 恩貢 通判　秦長春 恩貢 知縣

孫鏕　金弘祐 訓導　周襄緒 恩貢

俞光被 訓導　何嘉祐 選貢　陳錫琮

王業法 恩貢　王永祈　劉明宗

會稽 周懋龍　史在德 恩貢　范祀 選貢
劉宬世　徐名世 選貢　姜廷槐 副榜貢
孟稱舜　傅弘謨　任道 選貢
陳朝侃　龔元綬　陶士章 恩貢
陳堯典　姜天權　賞弘道
顧陘　范鍔 恩貢
蕭山 周一甲 州判　單繼周 教授　史廷桂 知州
黃儒琊　王朝宗 同知　張際龍 知府
毛萬齡 教諭　晉鳳來 教諭　任雨蔌 教諭

張佩綸教諭　郁憲章教諭　賀呂圖選貢

任啓鼓　陸國藩　朱壽州同

來逢時

餘姚孫光炅拔貢　孫藉滋恩貢　呂康成

韓元俊　翁年奕拔貢　邵洪庚恩貢

潘偉　夏象賢　胡竟成恩貢

鄭安仁　黄顯之　鄒光紀

韓鉉恩貢　朱頌淳

上虞黄應乾　葛路宸恩貢　姚之遴拔貢

徐胤章 拔貢　陳啓陽　錢鑛

張翼 拔貢　錢璧　李煥文

鄭鴻烈 恩貢　陳懋觀　趙震陽 恩貢

趙錫祚　車允衡　陳書爵

徐伯霖 恩貢　徐增燦

諸暨

壽愷　樓璇 拔貢　周崇禮 恩貢

蔣生亮 恩貢　周廷俊　姚更生

壽爲先

嵊

葉應茂 知縣　周運昌 恩貢　周際昌 恩貢 知縣

俞華服教授　周有亮教授　謝汝中訓導

喻恭泰恩貢知縣　袁應秋　朱爾銓訓導

喻恭復　周鉞　周黙

尹熙選貢　王基宥

新昌蔡淳恩貢　俞心聰　俞華

呂基德拔貢　陳宏勲　呂曾龍

潘近聖恩貢　王性之恩貢　呂景參拔貢

潘志麟　王愷之　潘照如

王恒之　呂鴻燦

康熙年
三年停
八年復

府學繆世梁　壽嘉裔　沈子毅

錢彔新　諸公亮　漏自奇

田澍生　王業澄　陳國用

王邦濟　金振甲　來載之

曹琦拔貢　范鈊　柯爔新

姜埈拔貢　魯標　呂鉅烈

王之佐　吳照楨　韓晋

周韓拔貢　趙東拔貢　馬式玉

壽祺益　蔡世芳　翁十朋

齊岱　朱軫　曾曰都

徐翼文　章道登　謝躍

祝弘坤　周廷翰　潘元祚恩貢

壽穀生拔貢　藕滋恢拔貢　許必鳴

孟時敏　婁光漢　高湛遠

陸士奇　王圻副榜　余懋杞副榜

馬錫甸　王本　章起勳

石之奇恩貢　李大中　王永齡恩貢

姚倬　余沆　沈坦

章立德　陸生濂恩貢　朱鐖

龔虞揆　陳書思　曾燦先

陳治　張景南　趙濙

山陰

徐斗方　劉世祝　齊聯登

何艮楝　余灑選貢　王芬先恩貢

童文斗　金聲夏　張慧才

吳琳　王元愷　趙承怀

劉廷梓　董茂蘭　平遇

錢起會　胡賡颺　鄭岳

孫公旦　顧浩　陳公奕

梛維寧　莊宏　朱思哲

姜廷策恩貢　陳遠　金承焯

胡彪　祁國英　曾臺恩貢

何嘉翊　朱甸　金燦

洪仁芳　王法祖　胡肯堂

王燦

會稽阮弘　董正　劉天章

張文成有傳　章斐拔貢　章顯仁

章治　王洪建　劉蕭副榜

陳炳文　董琦　孟學恩

姜垚　杜如錩　董肇勲

唐玠　孟士模　孟士楷

徐允定　章漣　吳士英

徐商聘　姜兆驊拔貢　章名世

錢聖錫　陳日哲　俞百穀

章端　余岱　董章本

沈應銑　王峩恩貢　厲煌拔貢
吳昌翰　任德仁　秦景昌
丁揆　章紹爌　駱正坤
馬鴻俊
蕭山周維岳　鄭淵　韓球
王宗益　郁虎　蔡溥仁
郎中岳　胡如春　張遠
何文烓　任亶材　方錫珙
丁夢芝　瞿又超　章鈺

吳栻　陸隆文　沈探奇

吳三發副榜　周行素副榜　任爲煒

吳楷　瞿競　瞿元副榜

諸暨 史之英　傅聰　章在茲

余毓澄　蔣無競　壽士升

包淳　周廷偉　俞環贊

宣化成　馮欲驥　馮日衮

趙蘭瑄　壽子發　石紹年拔貢

張鶴霄　傅信　駱士璜

許爾秀　周于德拔貢　酈宣

周弘易　酈元煜　郭鈺

酈琦　何錫全　余毓瀚

章暉　駱炎　趙驥副榜

朱之櫄　陳士岳

餘姚張之森　呂淑成　趙弘基

徐景瀚　樓元　葉旦

孫文明　沈鏞　吳楚

邵颺言　朱標　陳新烈

徐文植　俞鼎副榜　嚴以振

韓鼎　孫子存　諸藻

樓鎮　蔣珍拔貢　徐景洵

邵爊　鄔佩珍　韓晉

徐景濤　朱偉　嚴宣

陳日棶　謝司微　史翼韓恩貢

諸起新拔貢　朱之瑞　史在廉

徐夔　黃鍾　姜承嫌

張嘉成　孫之逵　諸敷言

馬行　鄒尚　韓觀

上虞梁韋　趙錠　許吉人

趙昌　范嘉相　謝琛

楊玉治　唐聲聞　范嗣正

羅岩　宋夢熊　錢霍

柴應標　陳毓琳　王以寧

劉元龍　丁治　陳錫瓚拔貢

李公庠　徐貞　顧飛璜

曹謙吉　周士喆拔貢　范嘉瑋

徐增煜　夏升歌　倪鍔

胡禎　趙祚昌　顧孝忠

范金城　羅晉介　張自蕃

徐鉞

嵊

張明易　錢濬　周燦新

吳光庭　盧傳　俞恭萃

鄭彥祐　周邃修　王從銓

應提　徐遵孔　高衡

張廷芝　裘光鐙　裘應聘

李茂先 胡悅 吳士槐

鄭有年 吳上瀾 周景昉

張祚升 張天培 尹東璡

盧象鼎 盧廷翰 王鑒皓

宋奭

新昌

呂曾柟 陳宏煥 呂調

陳錫紱 呂際發 呂恂

陳錫組 俞士遴 何世龍

呂人鸞 呂友召 呂生晉

俞牧　俞百揆　呂友范
呂揆　張炯　袁廷璋
俞拱　呂坦　俞瑆
陳宏豸　呂士驤　陳其超
何假千　梁啓隆　楊詡
張景南　呂弘裕

紹興府志卷之三十四終

紹興府志卷之三十五

選舉志三

舉人

士歌鹿鳴而舉於鄉即成周所謂造士者也明制㴱額廣至百七人而紹郡常十餘人或二十人葢四之一焉

皇清開科仍照前額後稍裁損今漸增至九十三人與明額相上下夫士既舉於鄉貢於輦轂之下裒然衆庶之表典至重矣其盛若彼其重若此可不自重

以副其盛乎

宋神宗熙寧二年

山陰陸佃省元

熙寧五年

新昌石景略別院省元

徽宗大觀二年

會稽張宇發別院省元

政和四年

山陰傅崧卿省元

高宗紹興二十六年

諸暨 王厚之

新昌 石晝問 省元

孝宗乾道四年

諸暨 黄閶 別院省元

新昌 呂應舉 廸功郎

乾道七年

新昌 呂渙

淳熙十三年

新昌呂願之省元

淳熙十六年

山陰諸葛安節別院省元

光宗紹熙三年

新昌呂順之省元

理宗淳祐三年

會稽胡僧省元　嵊史夢協十三年　費九成

寶祐六年

嵊李應旂省試賦魁

景定二年

會稽 章斌 省元

嵊 許㮚 第二

度宗咸淳九年

會稽 金益信 省元

（元）仁宗延祐四年

會稽 夏亨泰 有傳　邵貞

餘姚 孫士龍 嘉之子常州守　岑良卿

延祐七年

餘姚虞泰廉訪使

英宗至治二年

餘姚岑士貴　楊彝儒學副提舉

泰定三年

會稽邵德潤

嵊卜可壽　費述省元慶元路鄮山書院山長

新昌梁貞有傳

順帝至元中

會稽朱本然

山陰王裕省元有傳

至正元年

會稽姚文儒　邵仲剛

至正四年

蕭山樓壽高

諸暨高昌山

至正七年

會稽邵德彰　邵子靜

蕭山戴子靜

至正十年

會稽邵仲英　錢宰一云山陰人

餘姚宋元信

嵊許汝霖

至正二十二年

嵊王文合　王元暉

新昌章廷瑞

餘姚楊燧年次無考

明洪武三年詔開科以今年八月爲始自此至景泰

四年每科解額多寡不同今自其可考者書之餘

闕以俟

山陰陳思道　喻文龍　柳汝舟

趙旅　楊子文

會稽趙友能　錢尚絅主簿

蕭山韓守正

餘姚岑鵬慈谿籍

上虞何文信解元　鍾霆　葉砥

王誠　杜思進戶部侍郎　柳宗岳知縣

諸暨 胡澄 趙仁

嵊 董時亮

洪武五年

餘姚 翁希顒御史

上虞 李繼先 俞尚禋 駱文凱

新昌 吴佐

洪武十七年頒行科舉成式凡三年一舉

山陰 王時敏 鍾志道應天中式 魏思敬

會稽 王潚 吴輔 吴祥改名慶

王子眞　邵思恭

蕭山顧觀解元

餘姚沈志遠　潘存性　翁德延

葉原善刑科給事中　項復

聞人恪大理寺卿　鄒泰

上虞李繼先州判　嚴震

諸暨鍾庸主事

嵊王繼生

新昌盛暘教諭　潘岳原名宗岳以廟諱去宗字

董薛　蔡用強應天中式

洪武二十年

山陰劉真有傳

會稽殷成

蕭山朱衡教諭

餘姚朱文會教諭　朱孟常有傳　朱宗顯知縣

上虞周敬宗主事　陳時舉

諸暨俞士賢御史謫運司經歷

嵊王文奎應天中式縣丞

新昌　石叔宜　　王觀達

洪武二十三年

山陰　馬文炯知縣　呂升少卿有傳　王景彰教諭

滕善訓導　李欽教諭　周慶祐

駱士廉

蕭山　朱仲安按察使有傳　陳安郎中左遷通判　葉林經魁

上虞　顧思禮教授

新昌　章衡民名澧以字行授建昌教授早喪父奉母至孝及母亡敬事寡嫂如母撫兄三子如己子鄰里咸敬愛之衡民早卒子以占甫九月妻俞氏鄭氏皆克守節教成其

子中順天鄉試第一

洪武二十六年

會稽王斌

蕭山胡嗣宗　張貞　湯本

餘姚錢古訓　劉季篪

聞人善慶應天中式副使

上虞鍾荊教諭

嵊王惟謹縣丞

洪武二十九年

山陰　呂尹昱　劉仕謌　陳性善

璩志道　應天中式

會稽　邵至善　給事中

蕭山　姚友直

餘姚　馮本清

上虞　朱一誠

諸暨　陶祎　俞希孟

洪武三十二年

會稽　葉坦

蕭山 孫完　應琚知府

餘姚 倪懷敏僉事　葉翬知州　劉壽遜

潘義　馮吉　陳性善郎中

上虞 王友梅　徐皓叔　陳彪

嵊 史志道都司斷事

永樂元年

山陰 錢常　王彰　司馬符教諭

毛肇宗　周玉　王肇慶

會稽 徐初太常寺卿有傳　章敞斌之五世孫　許茂昌

蕭山　魏騏希哲子　王觀　俞聽

餘姚　陸孟良　柴廣敬　李貴昌

上虞　楊敬中　貝頊訓導　貝秉彝名恒以字行

傅旋

嵊　張孟韜

新昌　章以善　章士濟

永樂三年

山陰　吳中　丘紳　湯雲

王賢　戴昱經歷　高清

會稽　趙魁　羅寧順天中式知縣

蕭山　魏驥希哲子吏部尚書有傳　殷旦

魯琛

餘姚　徐廷圭　方以　何晟

李應吉凡四任學職累上書言事多見施行所著有先天圖等書

上虞　黃德政教諭　[illegible]　常生　鍾悌紀善

嵊　沈廙同知

新昌　盛霈

永樂六年

山陰 高惟清　王善慶　杜文華

陶菊 侯官縣學教諭宣德中膺召修中秘書中途聞母疾歸請致仕所著有菊庵詩文集

會稽 張習

蕭山 陳起 訓導　古寬 禮部主事

餘姚 柴璘 教諭　沈彥常 教諭　聞人晟 經魁

上虞 盧伏　謝澤　趙眞 知州

趙肅雍 教諭

諸暨 王鈺

嵊 張玫 訓導　李昌　史原信 教諭

新昌 梁瓘 按察司檢校

永樂九年

山陰 秦初　周安　金鏞

會稽 邵廉 有傳

蕭山 沈寅 初授翰林孔目遷監察御史端方清謹朝士人重之尋謝病歸足跡不入公府

衛恕

餘姚 邵公陽 知州　劉辰 季箎子應天中式

上虞 張驥 長史　俞宗潤 教諭

永樂十二年

山陰 王暹　王佑 誼之子　徐信

賀源 訓導

會稽 胡智

胡季舟 是科會試下第，詔覆試，拔其尤，得二十四人，而季舟與焉。歷任松江訓導、常德教授。見義勇爲，不惜財利人，皆重之

蕭山 戴宿 應天中式知縣　孫敏

餘姚 柴蘭　鮑元璵 知縣　華暘熙 教諭

上虞 葛昂　陳熊　范宗淵

張居傑 順天中式　顧琳 應天中式知州

諸暨 王常 知縣　陳偲 教諭

永樂十五年

山陰 張旻 教諭　朱純 參政 有傳　任佐 教諭

方璵 教授　韓陽 布政使 有傳

蕭山 倪溥　曹德　何善 應天中式

餘姚 夏大有　舒本謙　陳賓 性善子 知縣

戚熙 州學正　駱謙　韓允可 主事

劉端書 季箎子 應天中式

上虞 朱莊　謝琬 郎中　杜侃 訓導

袁儁　　張居彥順天中式僉事　俞宗順

葛詡正統中任沅州學訓導厚重寡言學問蘊藉拜監察御史陞湖廣按察司僉事有廉幹勤能譽卒于官

盧伯深　　袁能

諸暨阮浦

新昌呂廸珮之子痛父死非其罪終身哀慕力學能文再任教職未老乞休聚子弟教之爲邑人所宗

呂彧　　董廉教諭　　楊宗器

翁玭歷訓導教諭設教有方性尤篤于睦族弟姪貧乏者咸爲婚娶人多賢之

永樂十八年

山陰　曹南　葛名　毛寧

會稽　章宗信　陳綱

蕭山　沙安治中　陳廣通判　史佐訓導

徐海僉事

餘姚　邵宏譽　何瑄　孫泓

虞鎬授定遠知縣以治行著聞改知丘縣潔廉愛民百廢修舉卒于官吏民爲立祠焉

華孟學國子學正　李貫章　高文通教諭

朱希亮至善子國子監助教　潘瑄知縣

李浩知縣　諸均輔教諭　徐熊

沈圭

上虞鍾興訓導　魏佩　陸儔知府

諸暨胡驢　成覞　成矩二人據南志增入

嵊龔璡文致子　韓俊知縣　唐津伴讀

王仲賓經歷　汪宗顯

新昌陳孝軻初授錦衣衛經歷以忤指揮門達左遷尤溪令

楊信民左僉都御史有傳　甄完

永樂二十一年

山陰虞振教諭　龔全安蘭谿籍有傳　呂公愿國子助教

郭傑教諭

蕭山王政教諭　黃琮教諭

餘姚宋驥教授　許南傑　孫柱通判

邵懷義長史

上虞李宗侃教諭　魏伯潤教授　張嵓知府有傳

壽安

諸暨俞德昭教諭　駱楠　翁佐教諭

新昌梁沂教諭　周綜文祥孫訓導　丁孟達訓道

宣德元年

山陰陸綸 爲獻提學僉事

會稽章瑾敞之子

餘姚毛信教諭

諸暨俞個 陳璣

新昌李思爵訓導

宣德四年

山陰梁巀

餘姚楊文珪通判

上虞羅瑾經魁訓導　陳金

宣德七年

山陰胡淵

會稽鄭貞僉事

蕭山張輅經魁州學正

餘姚舒曈　夏靖長史

夏廷器授山西平定州學正平定僻陋無文學廷器集諸生躬自飭勵之其後科第與大州等平定人祀於學宫

徐律賜舉人教諭

宣德十年

山陰秦瑛 裘康訓導 趙曾應天中式國子典籍

會稽邵祥廉之子長史

蕭山王毓太常典簿 屠黹長史

餘姚茅秉教授 余亨教諭

上虞陳禧順天中式荆州府同知蒞政詳慎臨事有膽畧常領兵隨大將征貴州有戰功

正統三年

會稽張鵬禎遜姪訓導

餘姚葉蕃翬之子知縣

上虞　趙佐　訓導

諸暨　馮謙　知縣　有傳

新昌　俞鐸

正統六年

山陰　盛儒　經魁　謝傑　訓導　吴駰　州學正

沈日祺　訓導

會稽　沈性　錢金　應天中式教授

餘姚　聞人龥　朱縉　希亮子　吴節

潘英　戚瀾　應天經魁　韓岱　應天中式知州

上虞　羅澄

新昌　劉文輝紀善　呂昌　章以占順天解元長史

正統九年

山陰　張倬知縣有傳　周純　司馬恂國子祭酒有傳

高閏蘄州衛籍郎中　何璧紀善

會稽　謝旭訓導　季駿

蕭山　汪浩順天中式知縣

餘姚　馬庸教諭　胡徵州學正　陳雲鵬

毛吉　陳詠順天經魁本縣籍永寧人

潘叔榮訓導　虞潤鎬之子順天中式知府

上虞趙永教諭　貝煦秉彝孫教授

王震訓導　王鉉　楊庸

葉冕本縣籍順天人

正統十二年

山陰唐彬

會稽章瑄　王勤斌之孫直隸武邑籍順天中式

蕭山韓祺解元　張靖知縣

餘姚鄭文訓導　王佐訓導　楊文琳文珪弟

張才以子琳貴復姓史歷常熟文登淶水教諭並有師範成化戊子主考福建行過浦城有一生僞爲驛卒伺其寢則攜數百金長跪獻之才矍然起曰是何爲者生曰某已食廩領批願爲先生壽才曰汝固高等乃爲下等事耶聞諸官且抵罪吾不忍皦皦敗汝名生愧去既撤簾生在第五宴罷生復持前金謝才曰吾不敢冥冥墮行刲白日耶稍作色生又愧去猶持前金上南宮而琳已爲工科給事中往餽之琳曰家大人知君君不知家大人而又不知我耶生伏地頓首卒懷金去

胡寬 順天經魁　李瓊 應天中式

上虞 薛頎 訓導　鄭勤

諸暨 徐琦 知州有傳

嵊　謝廉 錦衣衛籍

新昌　俞達 同知

景泰元年

山陰　司馬軫 國子助教　楊德 教諭　卜巽

王昉 教諭　王昇　吳顥 刑部郎中

陳定 初授袁州學訓遷分宜諭教士多成材修袁郡志有體裁歷典各藩鄉試號稱得人三子邦直邦榮邦弼並舉科甲人以爲義方之勸

張傑 訓導　戴讓 教諭　錢伊瓛 訓導

會稽　曹謙 知府有傳　婁芳　馬軒 知縣

邵潤　邵能長史

韓弼宋忠獻王十二世孫長史

蕭山倪敏經魁教諭　沈環教授　傅珍教諭

楊文天順七年禮闈焚死賜祭塟贈進士　沃乾知縣

餘姚俞浩教諭　陳紀知縣　陳渤

魏瀚瑤之子　毛傑　周冏徽州長史

徐海　汪勉知縣　陳嘉猷贊之子

毛裕順天中式　毛祚順天中式通判

上虞陳鶚長史　趙鍊知州　杜鎡同知

謝鳳 知府　謝璉 教諭　李景修 應天中式知縣

諸暨 張肅 知縣

嵊 張軒 初任惠州府同知討平叛蠻居民安堵尋以憂去復除臨江府操守益堅遷兩淮運使致仕所著有巽齋稿

新昌 俞欽

景泰四年自此解額九十人遂爲定制

山陰 張以弘　徐瓚 教諭　高秩

金澤　王淵 應天中式　賀徵 應天中式

會稽 胡謐 解元　章以誠 知州　劉英 考功郎中

孟顒　錢輪金之子順天中式知州

餘姚　鄭節　孫輝　陳雲鶚雲鵬弟

陳雲　莫愚知府　孫讚檢討

韓恭　夏時　孫信

華誠應天中式同知　朱毅應天中式僉事　孫怡順天中式訓導

上虞　趙璉教諭

諸暨　陳翰英同知

嵊　張政通判

新昌　俞適

景泰七年

山陰錢淳 同知　陳壯 順天中式　戴譓 讓之弟知縣

丘弘 教諭　俞謐 教諭　王緬 知縣

周芳 知縣

會稽方愷

朱譞 授麻城學訓導歷應應天福建雲南聘主試事有故舊邀於途以私請譞曰幽有鬼神明有國法吾豈敢哉遷國子學錄卒于官

餘姚李居義 經魁　孫珩 國子博士　楊茻

孫蘭 同知　姜英

上虞　吳昶　知縣　　俞繪　教諭崇陽祀名宦所著有開道錄丹天集

鍾炫　知縣　　俞昇　知縣

新昌　李慶　順天府式主事

天順三年

山陰　姚恪　知縣　　汪鎡　　駱巽　教諭

滕霄　應天中式　　薛綱　　鄭璇　訓導

錢諤

會稽　韓垣　　徐正　教諭

餘姚　聞人景暉　經魁　　徐瓚　　諸正

華黼孟學之子審理　陳清　柴璇教諭

黃韶　胡恭　舒春順天中式

上虞王進　陳暉應天中式

新昌呂鳳　丁川　徐志文

呂鳴通判

天順六年

山陰袁晟　馬逵訓導　徐綬應天中式通判

蕭昱經魁知縣有傳　孫能教諭　司馬垚恂之子郎中

會稽周鑑　章軫　楊昱知縣

朱鏞知縣　魯璵助教所著有澹庵集　鄭仁憲順天中式

蕭山徐洪

餘姚翁遂　黃伯川教諭　楊榮

錢珍　吳智　翁信順天中式

上虞王淪通判　吳慎紀善　陸淵之留守衛籍

諸暨張伋知縣

新昌王環知縣入名宦

成化元年

山陰魯誠　凌玉璣知縣　沈倫

呂詵　陳倫

會稽龔球倪之姪通判　陶性懷之弟　董復

謝顯旭之弟

蕭山蔡瑛通判

餘姚石塘經魁　金石　王濟知縣

諸觀　許謹知縣　邵有良

張琳才之子復姓史　潘義

上虞王簡知州　茅和通判　李鑑知縣

新昌陳堯州學正

成化四年

山陰陳哲　孫徽同知　俞玹知縣

俞瑛應天中式　堵昇順天中式

會稽章恍惟之弟　任謹　董豫復之兄

張闇鵬之姪　韓邦問鄒之子湖廣中式

蕭山何舜賓　富玹　沈恭應天中式同知

餘姚陸淵經魁　馮蘭亞魁　王舟

陳雲鳳　諸讓　鄒儒

翁廸　華福　陳倫

邵銓宏譽子州同　陳謨應天經魁　黃謙應天中式

胡贊順天中式　滑浩順天中式

上虞葉壘教授　洪鍾錢塘籍

嵊王暄　張性知縣

新昌何鑑　劉忠器

成化七年

山陰司馬垔軫之子　王鑑之　張以蒙以弘弟知縣

陳轂　彭融知縣　凌寀

沈振

會稽　陶懌　懷之弟
餘姚　黃珣　解元　　盧滋　同知　　吳一誠　知州
宋昉　驥子教諭　　金鉉　　張森　教諭
孫衍　順天中式　　陳洵　嘉猷子錢塘籍　　黃肅　應天中式
上虞　徐朴　　薛蕃　知縣
新昌　呂漣　同知　　呂初　應天中式通判

成化十年

山陰　虞漁　知縣　　王臚　　王佐
周廷瑞　　白璡　　祝玠　知縣

會稽鈕清　秦煥

蕭山韓立知縣　孔斌山東中式

餘姚謝遷解元　毛憲傑子　聞人珇僎子

韓明　邵禮知縣　諸諫教諭

徐諫　郝巘臨山衛人同知　楊憲知州

吳裕順天中式　黃琪順天中式　陳渭順天中式同知

張玉廣西中式推官

上虞劉珩　張綮同知

嵊應尹通判

新昌 呂獻 經魁　俞振才　俞深

俞振英　梁華 應天中式 兵部員外

成化十二年

山陰 王宗積 稱廉惠 祀名宦　林華 知縣　陳邦直 定之子 同知

金瑞 知縣　劉湜 經魁 知縣　陳邦榮 定之子

祁司員 福之子

會稽 倪宏 知縣　朱顯　胡恩 智之孫

胡怡 恩之弟 推官　吳侃

蕭山 沈鐔 通判　沈淳 鐔之姪 知縣　黄昺卿 教諭

餘姚孫昇解元教諭　范璋　岑恒知縣

胡傑州學正　吳敘　張時澤

李時新　毛科應天中式　陳筐應天中式知府

諸暨馮玨謙之子　楊素知縣　杜傑知州邑志有傳

嵊史睎知州

新昌潘溫經魁同知　石輝教諭　何錫同知

張琰

成化十六年

山陰祝瀚　徐鎡同知　丘霦訓導

張景明　林舜臣華之弟教諭　費愚

章頎應天中式同知　諸敞長史　鄭如意知府

傅瓚

會稽謝圭旭之姪經魁知縣　陸寧

蕭山來登　葉清

呂調陽雲南中式經魁知縣

王世貞應天中式州學正

餘姚王華經魁　蔡鍊欽之弟　王恩

魏澄州學正　傅錦瑛之子　嚴謹教諭

俞潭 敎諭 高選

上虞 葛瓚 通判

諸暨 駱瓏 章子

鄭欽 授灃州知州州多尚苗欽振威綏德民蠻交安九載不遷遂乞歸繼母王氏患瘋疾晨昏省視無怠及居喪哀戚尤至年八十六卒所著有思軒集子天鵬正德中舉人嘗知弋陽文行足世其父而書法尤精爲時所珍及歸老手不釋卷客至淸談竟日瓶無粒米不問也年八十餘尚能下燈下書蠅頭細字所著有秉燭正謠闘遊唱和北行野操南溟存藁諸集

嵊 丁哲 周山 知州有傳 陳珂 杭州衛籍

新昌 呂大川　陳獻 知縣

成化十九年

山陰 張景琦 以弘子　徐一夔　祁仁

劉濟 順天中式

會稽 車份　秦銳 渙之姪　謝會 旭之子

閻士充

蕭山 張嵿

餘姚 蔡欽 鍊兄經魁　陳雍　傅瑛 錦父教諭

許濬 南傑子國子助教　王乾 仁和籍　汪鉉

華璉　胡洪　邵賁

邵蕃　周仲昕教諭　王楷州學正

胡日章應天中式教諭　潘絡應天中式

上虞陳汝勉　壽儒

新昌呂信

成化二十二年

山陰陳邦弼定之子　胡儀　沈瀾

俞頫　王經　張玗都察院司務

周時中順天中式同知　吳蕣

會稽胡德謐之子　陶諧性之子知縣　陶誥諧之弟知縣

陳鎬應天中式解元　陳欽鎬之弟應天中式　韓大章邦問弟湖廣中式

蕭山來天球　沙彬順天中式

餘姚翁健之廸之之子經魁　毛實經魁　楊簡芸之子

徐守誠　張明遠　汪鐸

楊譽昌化籍　葉訓訓導　鄒泰

宋冕

上虞潘府經魁　張儀同知　杜淮知縣

姚鏜教諭　賈宗易知縣　陳大經

韓銑 守荊門州歷部州府同知當道委征迪山等砦時賊勢猖獗力不能支遂遇害贈知府錄子入監

尹洪

張錦 順天中式

諸暨 姜元澤 敎諭

新昌 張居仁 敎諭

呂僔 通判

弘治二年

山陰 楊淸 長史

宋浦 知縣

金謐 知縣

何詔

沈俅 知縣

朱導 知縣有傳

吳便

徐鏓 鎡之兄同知

會稽 楊垠 景之子知府

陳元 經魁

蕭山　韓憲　知縣　胡昉　朱彩　推官

餘姚　黃瓛　經魁　錢鈍　教授　邵坤

舒聰　知州　金淮　汪集　通判

陸相　淵之子　鄒軒　儒之子　馮清　順天中式

上虞　葛浩　啓之曾孫　孫景翼

嵊　夏雷　字時震號賦性鯁介不詭于俗輯嵊志搜訪山川人物纖悉靡遺任湖廣羅田縣知縣才優行潔以疾卒于官　韓華　訓導

新昌　張居敬　教諭　梁寵　胡鉞

潘溥　國子助教

弘治五年

山陰　田惟立知州　司馬公輊訓導　吳昊

徐冕運　高臺　朱憲同知

汪獲麟　天式

會稽　錢暉　胡愸恩之弟知縣　馬敬推官

蕭山　錢玹　朱珙知縣　張實教諭

餘姚　孫燧經魁　韓廉經魁　姜榮

魏朝端同知　吳天祐　諸文實知縣

楊忭教　陸唐　聞人才

朱躍　　王守仁華之子　　楊祐

方璽順天經魁　　諸忠順天經魁知縣　　楊梁廣西中式知州

上虞張文淵　　龔侃通判　　陳大紀大經之弟

嵊陳璠琊之兄長史　　豐儉通判　　閻士充知縣

弘治八年

山陰劉瀚通判　　沈欽　　徐黼州同

周禎

會稽章隶悅之姪　　陶諧誥之弟解元　　陶璐性之兄知縣

蕭山徐瓚知縣　　孫鳳　　沈文滂

陳璠知縣

餘姚　黃堂百川子山東中式　李時暢通判　倪宗正

杜欽知縣　黃鑾州學正　徐彬知縣

楊天茂　夏銎知州　胡諒山西中式教諭

上虞　任德和經魁　謝忠　徐朴

諸暨　陳元昭翰英姪長史

新昌　呂廷簡長史

弘治十一年

山陰　劉棟子華從孫　張景暘景明弟　高文炯知縣

張鴻通判　高壇　周祁禎之弟

朱秩知縣

會稽朱冕璀之子知縣　章槩忱之姪　錢士宜輪之子同知

蕭山戴光通判　毛公毅同知

餘姚胡鐸解元　孫清順天中式解元　陸棟淵之子經魁

徐雲鳳知縣　夏璣知縣　黄嘉愛

謝廸遷之弟　鄒選　汪惇

史鸞琳之子　牧相　嚴敬應天中式

張桓順天中式

上虞 羅應文 知縣　葉信　朱袞

陳大績 大經弟　謝顯

諸暨 陳元魁 翰英子 知縣

嵊 周綮 順天中式

新昌 劉芳 兩淮運判

弘治十四年

山陰 毛鳳 紹興衛籍　龎龍 紹興衛籍通判　陶天祐 通判

魏杲 通判

會稽 董玘 復之子 經魁　陶諤 諧之兄 知縣　張應符 闓之姪

季木　初知碭山歷遷寶慶府判廉州貳守終伊府左長史所至郡縣並潔巳愛民碭山寶慶兩祀名宦家居恬淡長厚爲鄉人所推

蕭山田惟祐　解元　　盛瀧　　蔡璧　知縣

顧通　知縣　　孫光　長史

餘姚謝丕　遷之子順天解元　　黃嘉會　韶之子知縣　　諸閆　推官

諸綸　諫之子　　陳敘　知縣　　胡軒

胡東皐　　陳言直　倫之子　　張譽　州學正

周旋　知縣　　沈應經　　徐天澤　順天中式

駱用卿　陜西中式　　嚴時泰　湖廣中式　　汪克章　湖廣中式

陳璣 山東中式

上虞 徐子熙 經魁　潘銳 御史　王横 訓導

張文雲　陳鰲 知縣

嵊 姚仕榮 教諭

新昌 潘沭 僉事

弘治十七年

山陰 蕭鳴鳳 昱之子解元　言震 經魁同知　胡克忠

郁采　周晟　傅南喬

姚壽　胡文靜　姚鵬

會稽季本木之弟　陳銘欽之弟　謝恕顯之弟通判

蕭山曹楫推官　沈治淳之弟　沈璇知縣

韓洲立之子知縣

餘姚沈德章經魁　顧蘭同知　陸選

張璿　汪和　陳言正倫之子

陳克宅　徐文元　夏濬知縣

陳守卿　俞良貴通判

上虞潘釬通判

諸暨陳賞元魁子

新昌 俞集

正德二年

山陰 張直 倬之孫解元同知　蔡宗兗　朱節

毛嵩　王師程　王袍

王軾　馬錄 河南中式

會稽 韓明 讓之子　沈藎 珪之姪知州　姚鵠 知州

沈弘道 炳之子　單敞 通判　沈磐 廣西中式

蕭山 周憲

餘姚 陸翰 淵之子經魁　張逢吉 知縣　史立模

于震少有異稟多讀書尤深于易大抵暢衍考亭之說初授訓導終福安縣令未仕時本貧常授徒以自給既致仕歸亦別無所增人稱其廉所著有東溪類稿

毛紹元憲之孫　徐愛　孫邦彥

陳文筐雍之子　管溥通判　周坤知縣

王時泰　邵德容

上虞顏華知府　葛本浩之子　曹軒

嵊張邦信

正德五年

山陰李豊紹興衛籍　沈澧欽之子　陳禹卿邦直子同知

錢滔　知縣

會稽　謝元順　澤之孫

謝恩　顯之子順天中式知州

蕭山　黃懿　知縣

餘姚　孫繼先　輝之子應天解元

胡悅　經魁知縣

楊霶　知州

胡愷　悅之弟知縣

王相　通判

韓洪

施德禎

郭廉　知縣

徐全　順天中式知縣

俞召　應天中式知州

胡昭　順天中式

盧元愷　河南中式長史

上虞　陳直卿

洪澄　中書舍人

石淵之　知縣

諸克諧 訓導

倪鎰 歷蘄州典國學正令樂平南城皆有惠政聞母疾遂乞歸養家居三十年足不入城市日以讀書課子爲務庶幾篤行君子云

諸暨 陳仲洙 知縣

吳公義 通判

金鯉 臨清籍

正德八年

山陰 朱箎 導之子

陳廷華 推官

張思聰 應符之孫

沈馴 瀾之子 知縣

何鰲 詔之子

姚世儒

周大經

毛一言 紹興衛籍

會稽羅江雲南中式

蕭山王鏞教諭　徐守洪之子同知　徐官洪之子

黃懌初知安谿終常州府判服官廉慎有惠政安谿祀名宦

餘姚陳燠經魁　施信知縣　張瀾

胡瑞　朱同芳同蓁兄　陳輔同知

胡玠初令壽張有惠政遷工部主事董大工廉慎自持不撓於權貴終楚雄知府平生甘清苦鹽虀麥飯以爲常享所著有瓛酣集百拙子集

張心　張時啓　汪克思廣西中式

徐子貞順天中式　陳璧山東中式

上虞　潘周錫　工部員外　曹輻　軒之弟　陳楠

諸暨　鄭天鵬　欽之子知縣　張文　教諭

嵊　王木　僉事　鄭蒙吉　知州

新昌　俞振強　經魁

正德十一年

山陰　周祚　礽之弟順天經魁　周沐　順天中式　朱篚　箎之兄

汪應軫　鎡之孫　鄭騶　一云騶　周文燭

徐俊民

會稽　章浩　秦位　順天中式通判　章元紀　順天中式

餘姚張懷解元　龔輝經魁　朱同蓁同芳弟

顧遂蘭之子　毛文炳　張逵璿之子

聞人銓　毛復　俞瀾知縣

徐子龍諫之子　吳迪知縣　趙塤

張嵩福建中式訓導

上虞徐子俊　羅瑞登知州　車純

陸璯順天中式知縣

嵊杜民表順天中式傑子　王橋

新昌胡汭

正德十四年

山陰周文爟（文燭兄經魁）　錢一溥　吳彦（便之子）

田麟　王畿（經之子）　陳徠（通判）

朱鎣（刑部郎中）　陳璟（轂之子應天中式）　張雲翰（順天中式）

會稽司馬相　王楊（順天中式）

蕭山沈宋（鐘之孫）

餘姚楊撫（經魁）　史鵷（經魁）　陳壋（經魁）

邵華　邵煉　楊大章

諸演　魏有本　顧明復

吳成禮知州　孫翥僉事　任重

陳洪範　孫一清　張鏜山東中式

徐元孝全之子順天中式知縣　張宿廣西中式

陳琰畿弟山東中式

上虞徐子忱知州　徐子宜通判　劉鶴

新昌俞朝妥

嘉靖元年

山陰周禪祚之弟順天解元　潘壯　張天衢漢陽府同知

包珊錦衣衛籍順天中式　張元沖景琦子

會稽陶師文應天中式終同知初令宜都鉛山並祀名宦　董瓏玘之弟

章季順天中式

蕭山王艮相順天中式

餘姚韓柱廉之子經魁　徐珊雲鳳子　王喬齡

吳御敘之子　邵艮金　錢寬字德弘以字行

夏璉知縣　王正思　諸陽讓之孫

陳熺管之子應天中式知州　朱思孟順天中式

黃思齊珙之子順天中式

上虞陳洙　陳紹

嘉靖四年

山陰錢楩解元　茅宰　胡方義同知

張洽　金椿　陳修

陳彷

陳棨終吉府長史輔導二十餘年王甚賢之居鄉長厚有古風卒年九十

會稽章大綱同知　謝徵順天中式知縣　陳鳳應天中式

蕭山來汝賢經魁　來應山天球子知縣

餘姚宋惟元　邵元吉　鄭寅

胡與之　徐存義　姜聯錦

俞大本　黃艮材　王綸

管見　吳仁　吳惺

孫陞燧　吳必孝　胡膏

孫應奎　吳璋雲南中式

上虞胡景華知縣　嚴時中通判　尹貫太僕寺丞

嘉靖七年

山陰徐轂知縣　徐緯　王元春

金志謐之子　魏夢賢　徐緝

周宗文　虞价同知　沈夢鯉芳之子

會稽　謝紘曾之孫　謝廷試復姓商

蕭山　孫宗器知縣　黃九皋懌之子　黃德賢知縣

餘姚　周如底經魁　俞介經魁　許來學經魁

錢應揚　徐建　石繼興

夏淳　李本　吳至

邵基　許安　鄭邦仰

徐一鳴　胡希周　陸芹

黃齊賢　毛夢龍　胡崇德

徐九皋　童吉應天中式　葉洪順天中式

上虞 賈大亨　謝瑜　姚翔鳳

諸暨 翁溥　王珽 知縣

嘉靖十年

山陰 周浩 礽之子　蔣懷德　沈學

駱居敬 應天中式終推官爲人端厚里中稱長者卒年九十餘

高警 同知　朱公節 知州有傳

會稽 沈錬 紹興衛籍　章美中 以誠曾孫　謝廷訓 順天中式知縣

蕭山 戴維師 光之子

餘姚 吳轅 仁和籍經魁　夏惟寧 經魁　于廷寅 震之子經魁

周大有　谷鍾秀　徐方

管州終司務嘗從新建學志向不羣裒慕家貧遂喪其生平及滋道學之識云

顧廉　楊世芳　宋大勺

丁克卿初授知州終永寧府同知爲人勤學好修居官廉事親孝喪妻不再娶鄉里稱之所著有周禮集要

邵炤　徐恒錫　韓岳

錢大經　陳紹先　胡汝存

上虞葉經　陳如愚長史　潘璋順天中式

諸暨駱驥鳳岐之子

新昌 呂光洵

嘉靖十三年

山陰 王治 通判　張輻　劉集 推官

諸大綱　諸祖 知縣　陳鵠 紹興衛籍

會稽 商璉 廷試兄推官　鈕緯 清之孫　章秉忠 美中弟知州

蕭山 來日升 知州　翁五倫 文之孫

餘姚 孫汝賢 經歷　張元　葉選

盧璘　韓應龍　陸美中

王秉敬 贛縣知縣爲人古行古心絕不知有世俗態解官歸廬舍瀟然日以讀書爲樂

孜孜忘老人莫之知亦不求人知也　邵時敏

鄒珩　諸燮　翁大立

鄒絢應天中式　鄭烱　羅恩湖廣中式

邵德久初授六安知州終邵武知府在郡邑有惠政兩祀名宦爲人寬厚平坦以子陞貴累封右僉都御史卒年八十五

上虞　陳佐知縣　徐惟賢

諸暨　駱騰霄應天中式知縣

嵊　胡采知縣

新昌　俞則全　俞录順天中式推官

嘉靖十六年

山陰劉櫝 經魁棟之從弟　　王國禎　　沈大本 知縣

李詰　　虞俊 治中　　張牧 河南中式

會稽章煥　　徐綱 應天中式　　沈橋 順天中式

王楠 楊之兄順天中式

蕭山韓逅 洲之子知縣　　黃世顯 知州

餘姚徐懷愛　　聞人德行　　諸敬之

胡安 軒之子　　宋大武 太句兄　　岑恕

嚴中　　胡正蒙　　陳采

韓臯 岳之弟　蔣欽　周仕佐

王守文 華之子順天中式通判　孫坊 順天中式

陳堯 輔之子順天中式　張建 順天中式

上虞 范晉卿 長史　陳絳　謝讜

嵊 周震 質行醇謹有志問學初知宿松終衡州府判當官廉慎家居無異韋布嘗佃實性寺爲宅既而悔之從其子夏秀之請卒復爲寺鄉人義之

王烱　邵惟中 雲南中式　王朴

新昌 俞時歆

嘉靖十九年

山陰祁清 司員之孫　俞咨益　趙理

胡方來 順天中式同知

會稽周炎 鑑之曾孫知縣　陶大年　馬晉 同知

蕭山張燭　楊應元 陝西中式　來端本 順天中式

餘姚陳陞 煥之子經魁　諸應爵 絢之子　魏有孚

童夢蘭　何一清　金蕃

楊元吉　張達　宋岳 晃之孫

王嵩 喬齡弟　黃釜 順天經魁　孫佳 坊之兄

周如斗 順天中式　汪世安 克章子順天中式　陳墀 煥之子應天中式

上虞 葛桷　陳講知縣　謝臚

劉本順天中式通判　丁時順天中式知州

嵊 喻槩

新昌 潘晟

嘉靖二十二年

山陰 諸大綬　俞意　周校知州

張天復天衢弟　宋楷推官　徐甫宰順天中式有傳

周景會順天中式知縣　朱安道順天中式　張檄山東中式

會稽 沈束蠶之子解元　陶承學試之孫　陶大有師文之子

張梧 提舉

蕭山 孫學古　王仲山

餘姚 諸暲　毛子翼 知縣　邵稷

姜子羔 杭州籍　陳南金　盧大經

胡翼　韓弼　毛永艮

康清　趙錦 塤之子　孫鑨 陞之子順天中式

孫鎡 墀之子　邵漳

上虞 陳信　徐學詩

嵊 裘仕濂 應天中式　杜德孚 民表次子教諭　王念祖 貴州中式知縣

嘉靖二十五年

山陰　高鶴解元　　李應元　　吳俊

陶秀終通判家居孝友簡樸人無間言　　羅椿

孫大學

會稽　朱奎　　胡朝臣直儒裔孫　　胡儒季舟曾孫

陳舜仁通判

蕭山　張誼　　黃世科世顯之弟　　韓惟論

餘姚　胡造　　范國輔　　楊誠

姚正　　張辰　　楊九韶

暘山

蘇民牧同知　陳成甫

翁時器

鄒炫

上虞　楊旦

夏宗虞知縣　鄭舜臣

嵊　邢舜祥應天中式

王煉貴州中式

新昌　俞時及

嘉靖二十八年

山陰　王元敬元春弟

繆思華通判　高克謙

會稽　陶幼學承學弟

范檟　陶大臨諧之孫

范性知縣

錢匡之知縣　謝宗明

胡崇曾謚曾孫　錢呈之臣之兄知縣

餘姚邵畯經魁　邵型經魁　陸夢熊

顧文　黃尚質　胡升

陸一鵬　胡孝仁和籍　徐紹慶

孫汝賓　吳敬夫　孫如淮

周大宇　孫鋌大學士陞之子順天解元　周思齊順天中式

張孔修

上虞張承賚　陳縉　金柱

羅康順天中式知縣

嘉靖三十一年

山陰錢文昇大理寺司務　趙坒　沈寅大本姪順天中式

張鰲化紹興衛籍

會稽馬藴晉之子　司馬初相之子　余倫知縣

龔芝球之孫順天中式

餘姚諸大圭解元　倪章　項廸

毛惇元　邵遠知縣　楊崑

唐景禹　黃驊應天中式同知　陳有年克宅子順天中式

顧達順天中式　楊乾知順天中式　李元泰雲南中式

上虞　潘清置　陳王政推官　潘艮貴順天中式

諸暨　壽成學應天中式都司經歷

嘉靖三十四年

山陰　錢榛盈同知　蔡天中宗兗子改名成中　祝繼志

王爕　郁言　趙夢鳳應天中式

呂鳴珂順天中式

會稽　史櫃　章如鉉　葉應春紹興衛籍順天中式

葉應暘應春弟順天中式

蕭山　李存中教諭　何世學

餘姚姜天衢知縣　韓鏊　葉洊

孫大霖　史嗣元　任春元

謝用模文正公之曾孫生有異禀過目輙成誦出語驚人鄉薦時財十四耳然輕佻尋

卒于途　周光祖　胡權改名時化

楊世華　馮天衢　胡郁應天中式

沈祖學順天中式　張翊元順天中式

上虞謝師成鳴治子

諸暨駱問禮

嘉靖三十七年

山陰 朱南雍　祝教　張元忭 天復子

沈校 知縣　俞子良 順天中式 知縣有傳　吳兌 梗之孫順天中式

會稽 陶大順 大臨兄 經魁　余相　秦文捷 知縣

蕭山 來經濟 天球孫　黃世厚 九皋子應天中式知縣

餘姚 孫汝資 經魁　張岳 經魁　錢應弼

邵堪 知縣　夏道南　徐廷蘭 知縣

陳三省 雍之曾孫知縣　胡希洛　孫錡 知州

張紳　葉逢春 選之子　胡惟新 安之子

顧樊　蔡天麒　陳覲 樊之子順天中式

孫鈞陞之子順天中式改名錝

上虞朱朋求衮之子　謝師嚴師成之弟

嘉靖四十年

山陰周明衛通判　宋景星　朱賡公節子

陸夢斗通判　胡邦奇　宋艮木知縣

張一坤元冲子　徐思明甫宰子順天中式

會稽陶允淳大順子　章如鈺　沈大綬順天中式

錢守愚紹興衛籍應天中式知縣

餘姚張嶎岳之弟　周思兗如斗之子　錢立誠

管府　徐執策　胡旦東皐子

諸察　蔣勸能

上虞　陳王庭知州　徐寅　鍾轂

嵊　王培貴州中式　喻思化應天中式

新昌　呂若愚順天中式

嘉靖四十三年

山陰　朱榜推官　徐應箕禮部司務　朱南英南雍弟

何繼高部之孫順天中式　趙完順天中式知州　張博洽之子順天中式

會稽　陳大統紹興衛籍鴞之子經魁　陳時　陶允光大年之子經魁

羅萬化　商爲士 璉之子　章禮 順天解元

蕭山 王景星　蔡萬里　來必上 河南中式經魁

餘姚 史釗　史銓　史自上

沈應文　盧中　任德正

張堯年　姜子貞 子羔弟　陸詔

黃兆隆　顧奕　顧褒

鄒墀　嚴應元

上虞 徐希明 知州　鄭一麟 舜臣子　陳金 應天中式

諸暨 蔣桐 順天中式

新昌俞應星知縣

隆慶元年

山陰傅國才三江所籍推官　劉國彥　孫艮學知縣

王泮順天中式　胡尚禮順天中式知州　劉烶棟之姪順天中式知州

王照順天中式知縣　祁汝東清之子應天中式同知　黃猷吉山東中式

楊萬春杭州籍知縣　茹霆順天中式

會稽車應祥份之孫

蕭山張試謐之弟　黃世雍

餘姚管稷　楊文元　邵陛德久之子

紹興府志　卷之三十五　選舉志三　舉人

潘曰仁　邵程　鄒學柱

陸部　邵一本　周思宸

孫如滙　諸大木大圭之弟　張道明順天中式

趙邦佐

上虞徐震　徐啓東知縣　顧充

劉士彦

諸暨周繼夏順天中式

隆慶四年

山陰陳大賢　黄齊賢　趙堂順天中式司務

周應中順天中式　趙楫順天中式　諸葛一鳴華

會稽　陶允宜大臨子經魁　商爲正廷試子　馬捷

朱大經　嚴允立　沈弘宗順天中式知縣

蕭山　來三聘應天中式

餘姚　李槃　諸大倫大圭兄　李乾養

胡邦彥　蔣京　史元熙

陳希伊南金子卒于場屋　丁世偉改名懋建　施倖

俞嘉言　陳縉　宋可久岳之子順天中式知州

宋惠知縣

上虞 陳民性　倪涷

嵊 董子行 紹興衛籍家會稽

萬曆元年

山陰 馮應鳳　姚旻　諸葛初

趙璧　陳烇　祝彥

張元慶 天衛子順天中式知州　朱應 公節子順天中式　張弘吉 應天中式

郁文 言之兄順天中式

會稽 范可奇　錢世賢　司馬祉 相之子山西中式

司馬晰 初之子山西解元

蕭山　來士賢　任宗湯

餘姚　邵夢弼　史重淵　胡時麟

鄭道　邵綸　葉遵

管應鳳　錢應樂　張敬祈懷之孫

周思文　黃化龍　鄭昌國

上虞　周炳　嚴學曾　陳繼疇

顏洪範　李雲龍順天中式

嵊　周汝登謨之子　王應昌　張希秩改名向辰

萬曆四年

山陰　徐桓　魯錦　趙夢日
馮景隆　朱坤　司馬暐山西中式
錢正志文昇子　張汝翼
會稽　吳達道　陶允明　章延閆
葉雲礽應暘子紹興衛籍
蕭山　戴尚志　楊道南
餘姚　孫如游塀之孫　張雲鵠　毛秉光
毛鳳鳴　徐震　盧元復
朱士貴通判　孫如法鑨之子順天中式　韓子祁𢡺之子順天中式

上虞　陸鯉　順天中式

諸暨　陳性學

嵊　周光復

新昌　俞應肅

萬曆七年

山陰　王應吉　繼之子順天中式　　陳學明　杭州籍

會稽　錢櫝　　胡琳　崇曾子　　章守誠

馬文奎　改名文圻　　章守誼　　錢守魯　守愚之弟應天中式

徐大化　羽林衛籍順天中式　　鈕應魁　順天中式

蕭山來士賓應天中式　湯有光應天中式
餘姚蔡蒙　史記勳銓之子　張集義岳之子
姚文德　聞金和　陳鏷
應世科台州人
上虞石有聲　陳繼志
嵊王大棟
萬曆十年
山陰劉佳烶之子　柳宗栻文之孫　胡大臣
陳堯言　金鏊　陳鵠

周允順天中式　章允升

會稽陶志高大有孫　沈良臣

章爲漢

蕭山王明宰　張應桂　單有學

餘姚姜鏡子羔子解元　陳治則三省子　史秉直

吳道光　葉重光　顧陟應天中式

呂胤昌本之孫順天中式　沈裕湖州武康籍

上虞徐鄰

萬曆十三年

山陰　施栻　劉毅　陳國紀

朱燮元箎之曾孫　尹三聘　周洪訓

王邦彥鑑之曾孫順天經魁　周祖遷順天中式

王建中太學子應天中式　徐良輔順天中式

傅良弼順天中式　陳美

會稽　陶與齡承學子應天中式　陶望齡承學子經魁

蕭山　來遇龍　來行志

餘姚　孫繼有　丁履泰　陳謨

陳治本三省子　徐應登　諸元道

孫應龍　朱應龍　楊宏科

陳所志　張釜　陳志科

孫鈜 順天中式　周昌憲 順天中式

新昌 俞相廷　呂繼㥵

嵊 李春榮

康熙十一年郡守張公議科甲編次宜先新昌後嵊故自明萬曆十三年以來皆如議更定

萬曆十六年戊子科

山陰 王調元　吳中璜 知縣

餘姚 黃應元　楊維嶽　諸錦

呂昇　毛可儀　蘇萬傑

沈嵎臣　邵欽諭　陳覺生

上虞唐藩　陳仲麟　徐憲龍改名爾一

何大化　洪瞻祖

萬曆十九年辛卯科

山陰祁承㸁　陳一勸　周洪謨

夏汝　朱敬循賡之子順天中式　王循學應天中式

繆伯昇著經書大意知惠安縣有廉名

會稽翁汝進　張宇全　董啓祥順天中式

董懋中　玘之曾孫　應天中式

餘姚　毛鳳起　魯史　孫如洤

童志仁　韓思忠　戴王言

張約禮　陳本欽　張王化

潘陽春　邵圭

諸暨　壽堯臣

萬曆二十二年甲午科

山陰　朱瑞鳳　金應鳳　朱鶴齡

梁應斗　王思任　順天中式　陸夢祖　順天中式

陳淙順天中式　張汝霖元忭之子應天中式

會稽姚會嘉　王以寧　周用賔

馬熢

蕭山倪朝賔　陳伯龍

餘姚周汝明　黄棟材　吕亂仍

葉憲祖　朱有光

諸暨傅賔

新昌俞斗方　潘復化

嵊朱萬壽雲南中式　喻安性思化子

萬曆二十五年丁酉科

山陰　陳璘　董紹舒晉安籍　沈綰應天中式知縣

陳汝元順天中式同知居官有惠政

會稽　商周祚廷試之孫　錢象坤　劉宗周

林紹明　王舜冉順天中式　王承恩應天中式

蕭山　王三才

餘姚　邵炳文　蔣一驄　趙應貴

宋德洪　諸允修　黃三策

上虞　陳論　徐如翰　涂良棟

薛思頎

新昌　陳九級

嵊　王瑛　貴州十式副使

萬曆二十八年庚子科

山陰　劉永基　彭若昌　高金體

蔣應偉　祁承㸁　順天中式　謝堯壽　順天中式

會稽　董懋史　有傳　董元儒　鄭之尹

錢應錫　陶大邦　章守讓　同知

章志仲　陳宗節

餘姚聞人宗望　姜一濂　邵元凱

俞三錫　鄭之伊　王先銑

毛栢　邵穎達　邵干巘

史起英

上虞陳志登　陳宇　顏洪節

趙孟周

萬曆三十一年癸卯科

山陰陸夢龍　陳殷　裘允中

周洪才順天中式　王加礽應天中式改名開陽　張汝懋元忭之子應天中式

會稽　周敬先　姚允莊邑志有傳　陶奭齡有傳

謝國柱　范維達順天中式　金鎔貴州中式

林紹祖順天中式　范繼業順天中式

蕭山　來宗道

餘姚　邵喻義　馬希曾　史記緒

諸正　葉大受　趙應標

楊培　朱一騏

新昌　呂奇策

嵊　鄭化麟順天中式邑志有傳　趙起能傳學曾著禮書

萬曆三十四年丙午科

會稽　陶榮齡　謝啓廷　沈應魁

陳治安順天中式邑志有傳

蕭山　來斯行　王命禹　黃師賢順天中式

餘姚　馬成允　吳煥章　吳成德

馮國英　潘瑞春　張燮

沈景初

上虞　徐人龍　李懋芳

諸暨　錢時

新昌　呂新周　邑志有傳

嵊　錢永澄　同知

萬曆三十七年己酉科

山陰　王業浩　謝宗份　陳巽言

丁承乾

會稽　陶崇道　馬文燿　張文炳　順天中式

姚應嘉　順天中式

餘姚　翁日襄　呂邦翰　邵鳳廷

潘融春　王先鐸　張治績

胡一鴻　錢養民

上虞　徐宏泰　周夢尹　鄭祖法

徐顯

諸暨　壽成矣　陳元暉　朱長庚順天中式

新昌　章泰亨邑志有傳

嵊　吳越岳應天中式知縣　周家俊知縣

萬曆四十年壬子科

山陰　王仕正　傅應鳳知縣　孫杰錢塘籍

邢大忠　王汝受順天中式　王毓仁順天中式

許邦治應天中式　高金緘臨安籍
會稽張期昌　董成憲啓屛子　章志佺
羅元賔萬化孫順天中式
蕭山來道沾士學子
餘姚陳孔教　胡敬辰　胡一鶚
朱瀛達　施邦曜　張廷玉
盧承欽　孫業釗　童學賢
孫如洵順天中式
上虞倪元璐　陳仕美　謝偉

徐鴻儒　潘灼

諸暨　陳善學

新昌　潘復敏

嵊　吳中穎知縣

萬曆四十三年乙卯科

山陰　胡叔煬推官　吳之芳順天中式　朱兆栢

吳士傑順天中式教諭　劉暹順天中式　祝嵩齡順天中式

陳爾翼應天中式　吳從魯山東中式　祁上合臨安籍雲南中式

龐杰石阡籍貴州中式　張應爵知縣

會稽 秦弘祈　范紹序　薛應聘順天中式

蕭山 黃三尚順天中式知州

餘姚 黃尊素　李安世　邵爲棟

姜陛　姜一洪　陳公慶

俞鳳章　黃憲冲知縣　陳士聰

邵謩智　蔣茂淅

上虞 徐宗儒　倪元珙　范澄清

潘振宗

諸暨 駱先覺　姚一鸞

嵊　王心純

萬曆四十六年戊午科

山陰　祁彪佳承㸌子　孫文奎　丁乾學順天中式

會稽　馬維陛　陳孔教　章重

魯元寵順天中式　商周初　金蘭

蕭山　蔡一嵒應天中式教諭　周三台順天中式知州

餘姚　蘇萬備　魯時昇　周官

胡鍾麟　周啓祥　孫炳奎

上虞　徐景麟　陳維新　丁進

石元忠

諸暨 楊肇泰

嵊 周孕淳 汝登子應天中式

天啓元年辛酉科

山陰 周懋穀 朱稷 王忠陛 順天中式

孫范 錢塘籍順天中式 全天德 錢塘籍順天中式 白其昌 順天中式

趙國柱 應天中式 陳南煋 山東中式 張焜芳 應天中式

會稽 馬權奇 董寄 徐湯英 大化子改名嗣

鮑經濟 錢忠愛 順天中式 余煌 順天中式

張維勤順天中式　葉雲裕順天中式　金應元知縣有傳

蕭山韓用將　來煥然知縣　來方煒

黃希元應天中式　孫胤奇仁和籍　朱國泰順天中式

朱之晨順天中式

餘姚翁日穆　史起夔　熊汝霖

胡從正

上虞徐言達　陳汝奇　倪文熺

諸暨駱方璽　楊從本

嵊尹膺簡　尹冏臣知縣

天啓四年甲子科

山陰　錢受益　楊璘　周凌雲

宋運昌仁和籍　余增雍　周鳳翔順天中式

劉世科順天中式　唐九經順天中式

會稽　葉汝荃　章龍霖　阮承咸

凌元鼎　鈕國藩同知

蕭山　王鼎鉉　沈應節

餘姚　鄭翼雲　張廷賓　高騰蛟

方啓元　諸允儼　邵士龍

張存心　鄭光昌

上虞　顔綸揆　陳志夔　徐廷英改名一輪

陳約　趙德遴

諸暨　蔣一泰　方允昌順天中式　邊維寧應天中式

新昌　俞志虞　陳宏藻

嵊　胡自平通判

天啓七年丁卯科

山陰　祁豸佳　余增遠

朱紱　朱錫元順天中式　張大烈錢塘籍推官

鄭體元寄雲籍　王谷大興籍順天中式　茹鰲知縣

會稽曹惟才解元　陸大紳　姚允致

孟稱堯　沈光裕

蕭山徐明徵

餘姚楊國璧　吳恭章　楊琪森

于重華　陳士瓚　滑彬

上虞葉煥　陳美發　趙履祥

陳百奇　葛龍官　徐胤昇

葛百宜

嵊　吳應芳

崇禎三年庚午科

山陰　繆伯曇　姚明時　張奚

李盛世　何弘仁順天中式　錢艮翰順天中式

葉汝蘇　俞世灝　錢克讓

繆沅杭州籍

會稽　葉汝桓　潘同春　傅克相

章正宸順天中式　李論問順天中式改名沖　高岱順天中式有傳

倪夢商順天中式　錢胄新順天中式　林梯順天中式改名宸

蕭山 曹振龍 解元 蔡一鵷

餘姚 陳相才 邵毓材 潘之敦

金淶 岑君弦 李戚[illegible]

邵光胤 邵之驊

上虞 趙履光 倪嘉賓

嵊 裘組 知州

崇禎六年癸酉科

山陰 張光球 朱光熙 王紹美

朱子覲 王佐 改名雨謙 沈奎晃

朱兆宸　王含鑑改名三俊　龔光耀

會稽董期生知府有傳　王疊　徐文英順天中式

沈綵順天中式御史稱能文敦節義曾祖橙祖肅祀鄉賢父閶顧錫疇題爲世君子儒

餘姚岑鐈　邵之詹　邵葉槐

張羽翀　孫先椈　高攀桂

張寄瀛　孫嘉績　魯應期

姜應龍　邵泰清

上虞羅覺來

諸暨張夜先順天中式

嵊　尹志煐　應天中式知縣

崇禎九年丙子科

山陰　陳有隆　田嘉生　魯臬

祁熊佳　俞邁生　王三元　順天中式

茹鳴盛

會稽　王紹蘭　周洪任　王之垣

童欽承　順天中式

餘姚　邵秉節　馬晉允　嚴之偉

孫之龍　蔣洲

上虞　徐景辰　曹應登

諸暨　余縉　張汝嘉順天中式

嵊　盧鳴玉

崇禎十二年己卯科

山陰　鍾國義　何天寵順天中式　金廷韶

吳邦臣　劉明孝　吳從義

胡應瑞知縣　張仲義本姓繆順天中式

會稽　陶秉禮順天中式　陶祖猷貴州中式　袁州佐山東中式

錢艮璧

蕭山　夏有奇　來集之應天中式

餘姚　宋賔王解元　姜謙受　朱召淳

邵琳　沈景怡　戴長治

上虞　葛三錫　陸儀九

諸暨　余綸　陳檄　方弘憲順天中式

嵊　徐一鳴順天中式邑志有傳

崇禎十五年壬午科

山陰　王觀瀛應天中式　黃奎齡順天中式　姜圖南順天中式

何天挺順天甲式　葉雷生知縣　宋光賢順天中式

會稽　王自超　陶履卓應天中式　鈕應斗

王士捷　姜希轍順天中式　陳箴言

蕭山　王鴻烈　來驤

餘姚　孫震　鄭夔坤　朱雅淳

韓肇甲　程法孔　羅扆

許暢

上虞　徐復儀　朱魁鰲　王執中

諸暨　史繼鮨

新昌　章爾弘

皇清順治二年乙酉科

山陰葉獻章順天中式　王士驥順天中式　胡兆龍順天中式

徐化龍順天中式　章雲鷺順天中式

會稽陸嵩順天中式　陸華疆順天中式　金昌胤順天中式

順治三年丙戌科

山陰龔勳　葉茂桂順天中式　張期振

王之雋順天中式　胡昇猷順天中式　茹鄂侯鰲之子順天中式

會稽范礽南康推官陞同知修廬山博山鹿洞鵞湖等志著審克錞子二編

唐允思　趙陞　祁紹烶

俞有章禮部員外　范進

蕭山　任雲蛟　方明龍知縣　周繩烈本姓賀順天中式

餘姚　張煒　邵嘉胤　童奇齡

許元孝　王振孫　張之棣

岑崧　邵洪襄　胡惟德

戴京曾　鄭龍光　袁懋功順天中式

諸暨　蔣爾秀　駱起明知縣

新昌　呂正笏

順治五年戊子科

山陰王慶章　周沛生　茹鉉
張舜舉順天中式　周禮順天中式　陳南耿山東中式
繆徵尹杭州府籍　黃中璜順天中式知縣
會稽馮肇楠　王褒知縣　唐譽堯允思子
陶澄齡順天中式　王仲順天中式知府
餘姚鄭光國　項臯　周景從復姓鄔
呂應鍾　徐佾　胡鶴翥敬辰子王事
夏復
上虞顧虞龍　謝重暉　姚泰塤

謝泰

諸暨　壽肇基　知縣　章平事

嵊　姚工亮

順治八年辛卯科

山陰　陳必成　順天中式　俞元植　順天中式　胡公著　順天中式

陳可畏　順天中式　胡心尹　順天中式　陳繼美　順天中式

沈舉　順天中式改名尚仁

會稽　章貞　錢沈燦　湖州籍

蕭山　張洪　丁克揚

餘姚張之拭　張晉　楊翥

余復亨　陳祖法　王泰來

邵汝懋　鮑經綸　戴錫綸

上虞陳儁卿

諸暨許兆桂　楊學溥　錢洪袞

虞宗岱順天中式

順治十一年甲午科

山陰田麒生　姚夔　何曾臯湖廣中式

沈從龍　黄道月　李平

金茷　柴應辰　胡兆麟順天中式

沈堃順天中式改名仁敷　孫才發順天中式　孫礽順天中式

會稽　姜廷欅　陶作楫　邵懷棠

單之騋　董艮檟期生子　顧豹文錢塘籍

童煒順天中式

蕭山　黃邵士　來鉽玉　魯艮禩

賀昌圖　任啓蛟

餘姚　邵昆嶽　沈振嗣　俞嶙

胡鄂　岑肩　何繹之

諸用章　史起賢

上虞徐元愷

諸暨馮勸

新昌呂正音

順治十四年丁酉科

山陰陳景仁　李元坤　滕達

傅應驥　黃胤哲順天中式　吳璜順天中式

胡兆鳳順天中式　繆邦寧順天中式

會稽金煜　姜文冑本姓王　余駿聲

王穀振

蕭山　韓燦本姓任改名辰旦　張際鵬　周之麟

何兆珪本姓潘　沈完龍應節子順天中式

餘姚　鄭濂　張之敬　史尚轍

姜岳佐　邵吳達

上虞　唐徵麟　賈驤

諸暨　樓璘河南中式

新昌　呂秉

順治十七年庚子科

山陰　吳復一　傅爾申　陳昌吉
胡鑛順天　胡懋宣順天
會稽　王百朋　袁汝顯
蕭山　倪涵　傅宗
餘姚　朱約淳　鄭曜如
嵊　尹巽

康熙二年癸卯科

山陰　祝弘坊　金燾　丁際治
會稽　姜燦復姓王　陳光祖順天

姚啓聖 順天解元甲寅閩變破家募士奏捷紫琅石塘仙霞浙東底定擢閩藩特晉總督恢復八閩功冠一時加宮保尚書予廕又修越郡三江閘西江塘另有記見水利志

上虞 王履泰 順天

諸暨 余一燿

新昌 呂爚

康熙五年丙午科

山陰 孫宣化　李阜 復姓朱　沈佩範 順天

何昂 湖廣　柴應速 順天

會稽 王穀韋　趙嘉暹　陸嶠 順天

蕭山　來垣
餘姚　徐景范解元　陳祖則　史在宮
諸暨　陳其素
新昌　陳捷　呂夏音
康熙八年己酉
山陰　呂廷雲　徐琦　王永芳本姓葉
魯烔先臬之子　周盛雅　余應森順天
王觀政順天　陳柿祚貴州籍
會稽　馬青　袁顯襄

蕭山 來洛匡 王先吉 來燕雯集之子順天

餘姚 邵奏平仁和籍解元 邵弘堂 邵元度

諸煜魁

上虞 李揆叙 趙驪淵仁和籍

諸暨 錢廷燦 俞鱗翔

康熙十一年壬子科

山陰 秦宗游 余漽順天 王士錦

會稽 姜之琦 陶武玉 邵天岳

陳灝

蕭山李日焜　李日燿　任乗蛟

韓日宣

上虞曹鼎吉

康熙十四年乙卯科

會稽商用説本姓王紹美子能詩文附父傳

蕭山來孫謀　周國龍

餘姚蔣茂洸　盧鑄　邵弘魁

滑吉人

上虞杜淇英

諸暨　余毓澄 繙之子

康熙十六年丁巳科

山陰　余泰來　詹弘仁　沈五鳳 琯曾孫

朱之楷　王之翰　史紹魯

鈕聲琦　姜希輅 逢元孫　天樞子　姚夔龍

董玉 元儒孫

會稽　陶峨 作楫子　金鉽　姜公銓 希轍孫

蕭山　王遠公　周斐成

餘姚　戚元士　高華

上虞　陳克誠
諸暨　錢廷範　錢栐　蔣遠
康熙十七年戊午科
山陰　戴超　姜承爀 鏡曾孫
會稽　王德祚 順天
蕭山　毛文　張選 順天
餘姚　史漢　蘓滋忭　金宣 仁和籍
上虞　范嘉業
新昌　呂啓津

嵊　高克藩

康熙二十年辛酉科

山陰　姚弘仁　沈士鏐　沈五臬縉曾孫

鈕景琦　姜承烈順天　胡昇輔順天昇猷弟

徐端雲南

會稽　魯德升　陶士銑　謝錫

龔汝寬　林甯采廣西

蕭山　沈士本　孫謀嘉

諸暨　駱伊祚　錢世勲

康熙二十三年甲子科

山陰　平士楨

會稽　魯存憲　章應璧

蕭山　陳瑞鯤　袁定國

諸暨　楊戒　順天

餘姚　邵焻　邵爔

上虞　陶覲

新昌　呂岱

康熙二十六年丁卯科

山陰李瀛　茅伯艮　何其馨順天

張燧順天

會稽王融祚　錢爲鼐

餘姚陳元

上虞馬楠

新昌章錫範

康熈二十九年庚午科

山陰田間來　商和　田軒來

會稽唐曾述　王遐祚　蕭山毛遠宗杭州

諸暨　樓績　酈祖仁

康熙三十二年癸酉科

山陰　張孝友　趙美玉　順天

會稽　張鉞　馮應銓

蕭山　毛文輝　何垣

諸暨　壽致潤　解元　孔豸

上虞　周超

康熙三十五年丙子科

山陰　周天任　傅王雯　李發枝

孫紹曾廣西

會稽姜兆驊

蕭山王德炘解元

諸暨趙枚

餘姚孫浚　謝轍　何光煥

毛聃　邵昌文

上虞俞咨

嵊縣商洵美

新昌章錫疇

康熙三十八年巳卯科

山陰王芝　王文燦　陳弘訓

錢溥　茅子贄四川

會稽施敞

蕭山任衡　蔡承恩　單國球

陳來楫

康熙四十一年壬午科

山陰金宗瀛　陳沆　周之士順天

章伸順天　王啓源順天

會稽　駱奇齡解元　屠宸升　章焞順天

蕭山　壽仁矦　任澐　來珏

諸暨　余桂昉　毛鈺

餘姚　邵坡　孫金鼎順天

上虞　胡世昌　徐雲瑞

嵊縣　商元栢

康熙四十四年乙酉科

山陰　王霖　賀鐸　吳振鎬

胡國楷　劉文燧　朱大節順天

張世文　順天　高暉　順天

會稽　李思鄴　姜承燕　陳紱

金虞廷　錢塘　厲煌　順天

諸暨　楊三炯　蔣三唐　錢天相

餘姚　邵向榮　周鏞　馬淑泰

諸起新　順天

上虞　葛成鼎　陳棫

嵊縣　王化

康熙四十七年戊子科

山陰　沈廷鶴　龔祖翼　陳學良

余楙杞順天　毛繩祖順天　胡志穎順天

李登瀛順天　李嗣美順天

會稽　孫金堅　陶必達　金虞廷

蕭山　洪繼賢

諸暨　壽奕磐

餘姚　蘊滋恢順天

嵊縣　應兆昌

新昌　潘祖誨

康熙五十年辛卯科

山陰 呂大抱　田嘉登　劉浩基

王洙學　沈思世　金以成

潘翰順天　沈一鶴順天　李兆瓏順天

會稽 王明　金根

蕭山 秦立　王協燦　沈道濟

諸暨 壽致浦　宣奇　趙溥

餘姚 孫之持　孫櫝

上虞 呂乾學　倪泂　徐自任

新昌 何世華

康熙五十二年癸巳科

山陰 傅讓 李求齡 劉景義

孟惟孝 沈渭順天 杜灝文順天

胡鑑順天 傅王露順天

會稽 錢師夔 黄琥 汪翂

蕭山 楊玠 楊濂錦 汪烈

諸暨 壽奕文

餘姚 黄猷 何伊思 徐宗枚

上虞陳經　徐雲祥　趙祚昌

新昌潘機

康熙五十三年甲午科

山陰劉掞　王雲　陳廷棟

錢士琥　周之秬

會稽姚賓　平其政　厲志仁

董開宗　史維藩

蕭山張文黻　何在棠順天

餘姚嚴核

上虞錢必達　張煓

康熙五十六年丁酉科

山陰俞名言　何起貴　陳陛順天

會稽祁安期　童廸埰

蕭山趙鎬　孫士瑩　沈世震順天

諸暨錢大長　傅學灝

餘姚鄭繼雲

上虞韓雲　葉蓁

紹興府志卷之三十五終

紹興府志卷之三十六

選舉志四

進士

進士之科最重自唐宋以來則然紹郡登是科者亦最盛自唐宋以來其姓氏具在其賢不肖可指而數也嗟乎士以入是選爲榮而或藉爵位以恣雖貽詬詈於無極則辱亦甚矣可不懼哉可不懼哉

唐

證聖初 賀知章 蕭山人秘書監有傳

憲宗元和初 孔敏行 山陰人贈工部尚書有傳

虞九皋　餘姚人

僖宗中和　王祁　諸暨人

龍紀初　吳融　山陰人戶部侍郎有傳

昭宗乾寧　吳駾　山陰人右拾遺

以禎養　羅讓　珦之子附父傳

吳少邽　諸暨人門下侍郎光祿勳

五代

吳程　駾之子吳越國相有傳

宋太宗太平興國八年王世則榜

蕭山　馮鍇

淳化二年孫何榜

會稽錢昆

真宗咸平二年孫暨榜

會稽錢易

大中祥符元年姚曄榜

山陰杜衍第四人有傳

大中祥符五年徐奭榜

山陰傅營　陸軫

大中祥符八年蔡齊榜

會稽齊廓秘書監有傳

蕭山王絲鹽鐵判官有傳

天禧三年王整榜

山陰傅瑩管之弟

會稽孫沔樞密使有傳

新昌石待旦有傳

仁宗天聖二年宋郊榜

蕭山卜伸

天聖五年王堯臣榜

嵊史綸屯田員外郎

新昌石待舉待旦弟　石待致待舉弟　石元之待旦子

天聖八年王拱辰榜

會稽齊唐

景祐元年張唐卿榜

蕭山沈衡郎中

嵊史叔軻綸之子侍郎

寶元元年呂溱榜

山陰褚珵

會稽沈紳操之子，卒謚文肅 錢彥遠

慶曆二年楊寘榜

會稽朱奎 徐紘

蕭山汪泌

嵊茹約

新昌石牧之有傳 石衍之 石象之太子中允

袁轂縣丞 石亞之元之弟

慶曆六年賈黯榜

山陰梁佐

會稽何玠　朱琮　陳惟湜

皇祐元年馮京榜

會稽闕杞　闕希聲　余叔艮

任秉　楊庋

蕭山王霽 綵之子校書郎

餘姚胡穆 屯田員外郎

諸暨朱方　馮滋

新昌王醇　石麟之 待旦子第二人

皇祐五年鄭獬榜

會稽 韓希文　應瑜　張琦

李燮

嵊 姚甫　茹開

嘉祐二年章衡榜

山陰 王淵　褚理 珵之弟　傅傳正

唐穀

會稽 余京

諸暨 章蒙 知縣

新昌 石深之 衍之弟　石景淵 象之子

嘉祐四年劉煇榜

會稽　關景仁

嵊　姚勔　祭酒，有傳

嘉祐六年王俊民榜

山陰　諸珪　理之弟

會稽　錢嵊　張熹　馮豫

蕭山　顧沂　光祿大夫

新昌　袁轂　州知事

嘉祐八年許將榜

山陰　褚唐輔

會稽　關景暉景仁弟　張濟

諸暨　高象

英宗治平二年楊汝礪榜

會稽　余翶　王長彥

治平四年許安世榜

新昌　黄兑　梁典太常左丞拜附馬都尉　黄諶

神宗熙寧三年葉祖洽榜

山陰　陸佃軫之孫左丞有傳　陳兟

蕭山沈銜

熙寧六年余中榜

山陰王容淵之子　陸傳佃之弟

會稽關瀞　鍾昇　沈雙

蕭山沈義　鄭知微　王彦昌

諸暨韓羽　張鎮

新昌石景衡衍之子知州

熙寧九年徐鐸榜

會稽張祖良

餘姚虞昆

諸暨黃彦大中大夫文安縣開國男

嵊史安民鑰之姪中大夫

元豐二年時彦榜

會稽華鎮有傳

元豐五年黃裳榜

會稽沈充　徐充　戚儀

詹京　蔡繪

諸暨朱戩知縣有傳

新昌黃詔　石景衍衍之子員外郎

元豐八年焦蹈榜

山陰丁希說　傅勉

會稽張觳

餘姚虞賓知縣有傳

哲宗元祐三年李常寧榜

山陰朱輿宗

蕭山吳孜

餘姚陳毅縉雲令

元祐六年馮涓榜

山陰 陳兢 兟之兄　唐翊 彀之子有傳

會稽 朱卬

諸暨 馮谷

嵊 黃特 知府

新昌 石公輔 賜名公弼衍之孫兵部尚書有傳

紹聖元年畢漸榜

嵊 求移忠 吏部尚書

新昌 梁休泰 弘文館博士遷平章

紹興四年何昌言榜

山陰　陳揚庭　徽宗賜名過庭有傳

餘姚　虞大猷　虞寅　賓之弟

嵊　姚舜明　待制有傳

元符三年李釜榜

會稽　盛旦

餘姚　錢克忠

諸暨　黃日新　黃無悪　文林郎

新昌　石端平

徽宗崇寧二年霍端友榜

山陰 唐竦 轂之子

會稽 徐公佐

蕭山 方喆　方赫 喆之弟

上虞 陳濤　陳灌 濤之弟 特奏名

嵊 求元忠 移忠弟知府 贈通奉大夫　姚棐忱 知縣

新昌 石彥和 景略子 知州

崇寧五年蔡薿榜

會稽 郁藻　潘彬 主簿

上虞 李光 叅知政事有傳　陳起莘 特奏名

新昌 石端誠

大觀三年賈安宅榜

山陰 褚唐舉 理之子

會稽 臧言　華初平 鎮之子太常博士附父傳

張宇發 祖良子徽猷閣待制有傳　王輔

蕭山 孫寶著 宣教郎　孫忻

上虞 黃逌　王俊

嵊 過卓 知縣

新昌 石公恕

政和二年莫儔榜

會稽 張公彥

諸暨 朱常　郭亢　高楨

新昌 石公揆 景衍子侍御史有傳

政和五年何㮚榜

山陰 傅崧卿 墨卿從兄給事中有傳　杜師文

陸長民 軫曾孫

會稽 張翮　錢唐休

蕭山　王致柔

餘姚　葉汝平　通判

上虞　王眞卿　張述中

諸暨　韓漑　羽之子

政和八年嘉王榜　宋志嘉王楷第一登仕郎王昂第二徽宗宣諭嘉王云有司考在第一不欲以魁天下乃以第二人爲榜首

山陰　諸葛行敏

會稽　錢唐俊　唐休弟　孫鼎

餘姚　陳橐　穀之子刑部侍郎有傳

上虞 黃詔中 通之子　張延壽

嵊 姚景梁

宣和三年何㴸榜

山陰 梁仲敏 遘之子諫議大夫有傳　徐顯

會稽 陳迸

上虞 桂章　孫彥材　王賓

王休 俊之兄

嵊 黃唐傑 通判

新昌 石嗣慶 象之曾孫通判

宣和四年賜同進士出身

山陰 傅墨卿 正之子 有傳

宣和六年沈晦榜

山陰 諸葛行言 行敏弟

會稽 謝作

餘姚 胡尚智 會稽籍

高宗建炎二年李易榜

山陰 唐閎 翺之孫 有傳　梁仲寬 遘之子

會稽 陳炳　孫適　詹彥若 默之子

上虞　李貫特奏名

紹興二年張九成榜

山陰　葉蕃　杜思旦

蕭山　吳康年　張震金紫光祿大夫吏部尚書

諸暨　黃嘉禮

新昌　石襲慶改名延慶嗣慶弟

石公轍公弼弟特奏狀元有傳

紹興五年汪應辰榜

山陰　王俊彥

會稽　王賓

餘姚　虞仲琳　附父賓傳　虞仲瑤　賓之子侍講　胡沂　吏部尚書有傳

茅宿　松陽令

上虞　李孟博　光之子附父傳

諸暨　馮耀卿　馮羽儀　谷之子

新昌　石師能　象之孫第二人縣丞

紹興八年黃公度榜

會稽　繆涯

上虞　嵇琬

紹興十二年陳誠之榜

山陰　唐閱翊之子起居舍人有傳

會稽　徐几　詹承家京孫　詹林宗承家弟

餘姚　傅世修　錢移哲　葉汝士汝平弟

嵊　張攄歸姓馮　馬佐

紹興十五年劉章榜

山陰　張之綱　傅騂儉　梁仲廣遘之子

上虞　吴公輔　宋延祖

諸暨　吴珪起居舍人

嵊 黄昇 茹紹庭
新昌 石鏊有傳
紹興十八年王佐榜
山陰 王佐俊彥子戶部尚書有傳 陸升之長民子
陸光之長民子 張穎 沈壽康
會稽 詹亢宗林宗弟
餘姚 高選武當軍節推
嵊 周汝士左奉議郎 茹驤
紹興二十一年趙逵榜

山陰 唐準 翊子

餘姚 孫大中 一云諸暨人

上虞 李澤 特奏名

紹興二十四年張孝祥榜

山陰 王公袞 俊彥子 有傳

餘姚 茅寵 宗弟　虞時中 仲璐子

上虞 貝欽世 有傳　趙伯溥

諸暨 黃開 縣令 有傳　黃閎 文思院監　黃閣 軍器監

新昌 石邦彥 通判　章木

紹興二十七年王十朋榜

會稽孫國安　遹之子

嵊姚鈞　周汝能　主簿

新昌許從龍　知州

紹興三十年梁克家榜

蕭山顧宣

上虞李以成　特奏名

諸暨馮時敏　羽儀子　黄聞　閣之弟　知州

嵊姚廷袞

紹興三十二年賜進士出身

山陰　陸游　佃之孫　有傳

孝宗隆興元年木待問榜

山陰　俞亨宗　有傳　莫叔光　宋志山陰人

會稽　魏中復　許蒼舒

蕭山　張孝伯　有傳

餘姚　王遂　有傳　李唐卿

上虞　丁松年　趙伯泌

嵊　趙師仁

新昌石斗文有傳　黄度兵部尚書

乾道二年蕭國梁榜

山陰張濬兵部尚書　杜綰　傅頤

會稽楊寅　張仲宗

餘姚虞汝翼賓之曾孫

蕭山王日永　王日新俱致桑子

上虞刑世材

諸暨王正之縣令　王厚之浙東提刑有傳

乾道五年鄭僑榜

山陰陸洙游之弟

會稽曾槩

諸暨王誠之正之兄　王訢

乾道八年黄定榜

諸暨王誠之教授　黄誾開之弟朝奉郎

會稽錢粢唐俊子　張拱辰宗仲姪　張亨辰拱辰弟

許開蒼舒孫

蕭山卜芸

諸暨王賁之縣丞

嵊高宗商改名商老　任惟寅

新昌石宗昭公揆孫　梁文刺史遷附祖傳　左丞

是年八月賜同進士出身

嵊　姚憲舜明子參知政事附父傳

淳熙二年詹騤榜

會稽詹騤林宗子字晉卿累官至龍圖閣學士知定國府以文學政治聞

盛勛

蕭山方秉文

餘姚孫應時有傳　李友直有傳

諸暨鄭大成

嵊　桂森　周之綱教授　唐錡

新昌　石朝英

淳熙五年姚潁榜

山陰　唐漼準之弟

蕭山　徐邦傑

餘姚　厲居正　朱元之有傳

上虞　倘朴　陳杞　貝襲慶欽世子

淳熙八年黃由榜

山陰　宋駒　陸子愚長民孫　梁汝明

諸葛千能 行敏姪

會稽 魏挺

蕭山 張叔椿

餘姚 趙廷昂 廷袞兄 葉恢 汝平子 朱元龜 元之弟

淳熙十一年衛涇榜

山陰 陶廷俊 陸洋

會稽 施累 董之奇

蕭山 吳雲

餘姚 虞時恍 時中弟 虞時憲

上虞　李唐卿　特奏名　潘友端

嵊　白公緯　縣丞　姚一謙

新昌　黃邁　度之子

淳熙十四年王容榜

會稽　徐三畏

上虞　杜思恭　有傳

嵊　周之瑞　教授　應爕　翰林承旨　郭緯　翰林承旨

新昌　石宗萬　宗昭弟兵部侍郎　黃克仁

光宗紹熙元年余復榜

山陰　諸葛安節行敏姪　子緯叔光子

會稽　潘方

餘姚　陳用之橐之孫

上虞　豐友俊

諸暨　陸唐老

紹熙四年陳亮榜

會稽　許閎開弟　王度　劉宗向

餘姚　陳用之再登科

上虞　趙師古

嵊 宋叔壽

寧宗慶元二年鄒應龍榜

山陰 莫子純 叔光姪狀元以有官充第二人有傳

會稽 曾勲 王淑 楊拱辰

蕭山 馮大受 方秉成 秉文弟

上虞 陳無損 趙汝洙 趙汝晏

陳居大 特奏名

諸暨 馮景中 時敏子 黃仲 嘉禮子法曹

新昌 石宗魏 教授 王夢龍 有傳 石宗玉 景衡曾孫

慶元五年曾從龍榜

山陰傅誠壘卿元孫

會稽曾黯槩姪　張撫辰宗仲子

餘姚胡衞沂孫禮部侍郎

上虞李知新

嵊王復明　茹騤縣丞

新昌呂冲之僉判附兄大亨傳　石孝溥宗昭子

嘉泰二年傅行簡榜

蕭山方秉哲秉文弟　張炳

上虞陳堯卿特奏名　江濬特奏名

新昌楊轟禮部侍郎　袁一之縣令

開禧元年毛自知榜

山陰梁簡仲寬孫

會稽張汝辰宗仲子

上虞陳謙特奏名

嵊盧補之　申宋說　田庾

任必萬參議　過文煥通判

新昌黃庭度第教授

嘉定元年鄭自誠榜

山陰　諸葛興　行敏姪

餘姚　余一夔

上虞　劉昌宗　特奏名

諸暨　黄虎　知太安軍

嵊　周之章　之瑞弟

嘉定四年趙建大榜

山陰　唐檝　翊曾孫

餘姚　盧墳　時中孫

上虞　李知孝 光孫　李復 光曾孫

嵊　榮熙辰　錢難老　茹彧

新昌　呂堯仲　石繼喻 塾之子特奏狀元直義郎

嘉定七年袁甫榜

會稽　朱晉　陳亨祖

餘姚　趙彥械 有傳　孫之屮

上虞　徐杭 特奏名

諸暨　姚狆　章夢光　黄應隆 知南雄軍

新昌　呂大亨 有傳

嘉定十年吳潛榜

山陰 閻璋　楊權　丁煇希說曾孫

厲燧煇弟　尹煥　鄭大中

陸若川升之孫

餘姚 葉明道汝士孫

上虞 劉漢弼有傳　沈昌齡特奏名

諸暨 章又新

嵊 姚鏞監丞所著有雪蓬稾　周宣子之綱子

新昌 袁行之教授

嘉定十三年劉渭榜

山陰　諸葛十朋 行言曾孫

會稽　王秳　尤孟達

餘姚　孫祖祐 應時姪　茅彙征

上虞　陳彥漸 特奏名

諸暨　林嘉會

嵊　過必宷

新昌　王祖洽 端明殿學士　王爚 有傳　石森

嘉定十六年蔣重珍榜

山陰　王建封

餘姚　聞人知名　毛遇順有傳

上虞　莊⿰耒甫　趙時㣅　莊敬之特奏名

嚴濟寬特奏名

諸暨　趙汝銓　趙希鵠　劉志

嵊　周溶孫宣子之子

理宗寶慶二年王會龍榜此榜上虞志有趙姓七人舊志不載今亦不列

餘姚　楊瑾有傳

紹定二年黃朴榜

蕭山　張飛卿通直郎又見嵊　戴鯨迪功郎

上虞　杜夢龍特奏名　張師夔特奏名　趙希彰

嵊　勞崇之　張嵩卿太常博士　任貴必萬子知縣

紹定四年慶壽恩釋褐賜進士出身

會稽　王傑

紹定五年徐元杰榜

山陰　陶夢桂廷俊孫　陸壑佃五世孫後改名景思

會稽　葛焱　施退翁　胡昌

陳錫禹　楊釋回拱辰姪

餘姚　孫子秀有傳　孫自中通判　王世威

楊炎　戴鐸　陳煥知邵武軍

上虞　梁大受　李衢光曾孫　莊驥特奏名

高不愚特奏名

諸暨　陳宣子縣丞

嵊　過夢符　王鵬舉　王景壽

趙汝厓

新昌　楊國英録事參軍　王華甫有傳　呂秉南冲之孫有傳

端平二年吳叔告榜

會稽 施德懋 知建平 有傳

上虞 孫華祖 趙汝謨

諸暨 馮喜孫 谷四世孫

新昌 俞公美

嘉熙二年周坦榜

會稽 劉晉 全清夫 胡太初 余潛子

韓境 琦六世孫

餘姚 戴得一 鐸兄 錢紳 移哲曾孫通判 戴浩 得一子

楊瑶 琟弟 孫嘉 子秀姪知常州 袁灝

趙嗣賢

上虞 孫逢辰 特奏名　趙崇櫍

嵊 過正巳 文煥父 參軍　屠雷發 觀察使

淳祐元年徐達夫榜

餘姚 陳膺祖 棨元孫　鄭熙載　馮平國

趙與棨　趙希年

淳祐四年留夢炎榜

餘姚 張艮孫 知縣　任西之　趙若淮

上虞 陳熹之　杜振 特奏名

諸暨 章夢璞

嵊 楊光之 陳肖孫 李士特

朱元光

淳祐七年張淵微榜

餘姚 葉秀發 王公大 馮濟國

孫嶸叟 趙若秀

淳祐十年方逢辰榜

餘姚 胡夢麟 知壽昌軍 孫林 嶸叟父 縣令 方季仁

上虞 夏夢龍 特奏名

諸暨 胡杲轉運使　黄雷

嵊 董元發　商又新紹興撫糸

新昌 王燦　王祖直

淳祐十三年

新昌 楊國英

寶祐元年姚勉榜

山陰 陸逵　陸勉

會稽 沈翥紳五世孫　夏仲亨　唐震有傳

餘姚 趙與縉特奏名　孫象先之宏姪教授　陳夢卓膺祖姪黄巖尉

孫炳炎 有傳　李碩 教授　錢恢

上虞 趙艮坦 有傳　趙崇璉 特奏名

嵊 毛振

新昌 石晝問 有傳

寶祐四年文天祥榜 按丙辰登科錄止十八人新昌志增者舊志不載

會稽 徐理

餘姚 姚會之　何林　莫子材

張頤孫 艮孫弟　趙時泰 縣令

上虞 杜應之　劉漢傳 有傳　趙必成

趙艮俊

開慶元年周震炎榜

會稽季應旂御史

餘姚孟醇教授　朱國英元之孫縣令　趙時塈縣尉

趙若鐩　晏𡊮殊六世孫隆興府司法官

嵊劉瑞龍　陳碩臨安通判授春秋于石宗魏忤賈似道而罷

新昌俞淅有傳　潘時晦　袁同

景定三年方山京榜

山陰徐天祐有傳

會稽　陸天驥

餘姚　方山京本慈谿人後居餘姚有傳　黃焱太常博士

黃遇龍江浙提刑　華景山臨川簿　陳開先

上虞　徐斗祥

諸暨　吳天雷　吳大順　王熔

嵊　許臬有傳　張霆

度宗咸淳元年阮登炳榜

餘姚　王峻世威姪　朱沐

上虞　趙崇璲　趙與闢　趙艮坡

趙友直

嵊 趙炎　趙汝㠓　俞相

高子埜

新昌 袁儒　呂淵 由國子發解 台州司理

俞湘 浙弟　吳大順　王熵

咸淳四年陳文龍榜

餘姚 俞廷簡 有傳

諸暨 胡庸　張翼

嵊 朱士龍　朱得之 士龍姪　商夢龍 知縣

新昌 石余亨 有傳 袁範

咸淳七年張鎮榜

山陰 杜淑 鍾離常

餘姚 厲元吉

諸暨 楊潭 一云餘姚人 吳去疾 一名幼安縣丞

咸淳十年王龍澤榜

餘姚 陳應庚 東陽尉 周汝暨 溧水尉 宋鑒孫 承節郎

新昌 袁應春 儒之子龍興教諭 袁桂 司戶

元仁宗延祐二年張起巖榜

山陰張宏道太平路經歷

延祐五年霍希賢榜

山陰邵貞

餘姚岑良卿奎章學士

英宗至治元年林仲節榜云宋本榜

山陰陶澤稽山書院長又云諸暨人

餘姚岑士貴廉訪使一云黃巖判官

廢帝太定元年張益榜

山陰傅堅

嵊　費述慶元路鄭山書院山長

太定四年李黼榜

山陰　趙宜浩

會稽　邵德潤

諸暨　楊維禎　胡一中有傳　倪景輝

文宗至順元年王文華榜

諸暨　郭性存

新昌　馬剌冊回回人侍父哈丁任新昌籍

順帝至正二年陳祖仁榜

會稽　姚儒文　　邵仲綱

至正五年張士堅榜

諸暨　申屠性　　王賀

至正十一年文允中榜

會稽　邵仲英　　錢宰

嵊　許汝霖有傳

至正十五年

山陰　趙俶

明洪武四年吳伯宗榜

山陰　趙旅主事　楊子文縣丞　柳汝舟縣丞

喻文龍縣丞

會稽　趙友能主事

蕭山　韓守正縣丞

餘姚　岑鵬太常寺丞

上虞　鍾霆縣丞　王誠　何文信

葉砥知府有傳

諸暨　胡澄知縣

嵊　董時亮縣丞

洪武十六年金鑄榜

餘姚 翁希頤 初授周府伴讀遷御史以奏對忤旨謫臨潼主簿嘗名其軒曰惜陰好學不懈年三十三而卒

新昌 吳佐 刑科給事中

洪武十八年丁顯榜

山陰 王時敏 經歷　鍾志道 御史　陳思道 禮部侍郎

會稽 王肅　王子眞 縣志缺據登科考增　邵思恭 據登科考增

吳庠

蕭山 顧觀 大理評事有傳

餘姚　沈志達御史　潘存性兵科給事中　項復承勅郎

聞人恪　魏思敬　鄒泰據登科考增

上虞　嚴震禮部尚書有傳　張孝本

嵊　王繼生布政

新昌　潘岳　蔡用强御史　董薛御史

洪武二十一年任亨泰榜

會稽　吳慶主事　吳輔　殷成

上虞　陳時舉員外郎

諸暨　俞士賢

新昌王觀達 工部主事

洪武二十四年許觀榜 登科考云許觀舊志作韓克忠者誤

蕭山葉林 以副御史按民疾苦

洪武二十七年張信榜

山陰駱士廉 知縣

會稽王斌 知縣

蕭山胡嗣宗 知縣　張貞 知縣

餘姚錢古訓 有傳　劉季篪 侍郎有傳

洪武三十年陳䢿榜

山陰　劉仕謌探花編修被誅　呂尹昱　陳性善吏部侍郎有傳

蕭山　姚友直太常寺卿有傳

洪武三十三年胡廣榜

餘姚　劉壽遜知縣　潘義縣丞

蕭山　孫完僉事

永樂二年曾棨榜

山陰　錢常　周玉　毛肇宗郎中有傳

會稽　章敞

蕭山　魏騏主事謫教諭　王觀知縣

餘姚　陸孟良　吏部主事　柴廣敬　馮吉　州同知

李貴昌　主事　有傳

上虞　貝秉彝　知縣　有傳　傳璇　給事中

新昌　章以善　授杞縣知縣縣初縣困于輸賦以善第爲三等量貧富約遠近以定役之輕重民皆稱便陞惠州知府事載一統志　章士淳　同知

永樂四年林環榜

山陰　吳中　叅政　有傳

蕭山　殷旦　按察副使　見忠節傳

餘姚　徐廷圭　郎中　方倎　御史　何晟　御史

上虞薛常生郎中

新昌盛霈州判

永樂七年蕭時中榜

會稽張昪

蕭山魯琛御史

餘姚聞人晟給事中

永樂十年馬鐸榜

諸暨王鈺探花有傳

永樂十三年陳循榜

山陰　王佑工部侍郎阿媚奄宦貽笑士林　周安

徐信長史

蕭山　余駉欽改名廷藏主事改審理正

上虞　陳熊御史

永樂十六年李騏榜

山陰　秦初主事有傳　王暹

蕭山　何善監察御史掌浙江鈔法不私其鄉吏民畏服

餘姚　舒本謙知州　夏大有僉事　柴蘭

上虞　葛昂教授　謝澤通政使見忠節傳　范宗淵

永樂十九年曾鶴齡榜

山陰　曹南　御史

會稽　胡智　布政使有傳　章信宗　御史

蕭山　衞恕

餘姚　駱謙　知縣　沈圭　縣志缺今據登科考增入

新昌　甄完　布政使有傳

永樂二十二年邢寬榜

山陰　龔全安　見忠節傳

會稽　陳綱　御史

餘姚 邵宏譽 字德昭母汪氏守節教之在列女傳官監察御史稱有風裁用薦擢翰林修撰預修宣廟實錄尋陞福建按察副使時生閩寇鄧茂七及左遷寇平錄功復湖廣副使致仕宏譽天性孝友親歿廬墓當官清白居鄉和易有長者之風

李貫章 員外郎　孫泓 御史

諸暨 胡驩 會魁

嵊 龔逵 主事

宣德五年林震榜

餘姚 許南傑

諸暨 陳璣 會魁

宣德八年曹鼐榜

餘姚何瑄　舒曈知府

上虞陳金

諸暨俞倜知府

正統元年周旋榜

山陰秦瑛

會稽章瑾侍郎

正統四年施槃榜

新昌俞鐸初由部郎出守寧國有惠政民立碑頌之歷雲南叅政陞布政時邊徼多事鐸一鎮

以安靜中
外㦧然

正統七年劉儼榜

餘姚吳節郎中　　聞人韺御史　　潘英御史

上虞羅澄僉事

新昌呂昌按察使有傳

正統十年商輅榜

山陰高塁郎中

會稽季駿僉事

蕭山曹得僉事有傳

餘姚　陳詠僉事有傳　陳雲鵬布政司使　朱縉知府有傳

上虞　王鉉參議　葉晃都御史有傳

正統十三年彭時榜

會稽　王勤參政

餘姚　楊文琳布政

景泰二年柯潛榜

會稽　沈性知府有傳　邵能郎中

餘姚　戚瀾

陳嘉猷初拜給事中使朝鮮再使滿刺國皆能不辱君命歷遷通政司通政丁父憂[illegible]

葬畢奪情起服卒于官士論少之所著有師硯集皇華集銀臺寓稿

新昌　俞欽

景泰五年孫賢榜

山陰　吳顥 郎中　唐彬 布政有傳　金澤 御史

會稽　章瑄 太僕少卿有傳

餘姚　孫輝 知府　陳雲鵬 知府　陳雲 文選郎中

徐海 副使　胡寬 御史　毛傑

魏瀚 初授御史歷巡雲南福建遼東才名藉甚卒見忌左遷歷知州知府所至爲民孜孜興利在嘉定有魏公提在雷州有捍海堤終江西右布政使所著有嘗齋稾江湖唱

和集

毛吉副使有傳　夏時

嵊　謝廉初任刑部以廉明稱奉命賑饑甸所全活甚衆遷河南參議卒于官

天順元年黎淳榜

山陰　王淵給事中有傳

會稽　胡謐參政有傳　孟顒行人司副

蕭山　韓祺御史

餘姚　陳渤布政使　孫信吏部主事　韓棻知府

上虞　鄭勤知府

新昌　李慶主事

天順四年王一夔榜

山陰　滕霄御史　婁芳御史

餘姚　諸正僉事　聞人景暉員外　徐瓚知府

上虞　陳暉同知

新昌　呂鳳員外

天順八年彭教榜

山陰　汪鋐　陳壯按察副使有傳　薛綱布政使有傳

袁晟御史

會稽　周鑑知府

餘姚 胡㳟 僉事　翁遂 按察副使　翁信 參政

新昌 丁川 左僉都御史有傳

徐志文 初授工科給事中歷郎中卒志文性剛氣和以古人自期許一時名士大夫並與之友尤工詩文有與齊稿若干卷

成化二年羅倫榜

餘姚 陳清 會魁員外　邵有良　諸觀 知府

史琳 初授給事中歷江西參政以平贛盜功陞布政使擢右副都御史巡撫直隸兼提督三關入爲工部侍郎轉右都御史時榆林宣府多邊患命督軍務尋卒贈太子太保琳貌魁梧性寬厚喜談兵常習太乙六壬遁甲等術故卒以戰伐策勲云

錢珍 主事

上虞 王進 成化初知成都律法精明政尚簡易擢陞右參政歷山西左布政使卒于官成都祀名宦 陸淵之

成化五年張昇榜

山陰 張以弘 參議有傳

會稽 謝顯 韓邦問 刑部尚書謚莊僖有傳

蕭山 何舜賓 御史

餘姚 舒春 郎中 鄒儒 太僕少卿 馮蘭

胡贇 知府 姜英 參政 陳雲鳳 知縣

王舟工部員外　黃韶會魁僉事

新昌何鑑兵部尚書有傳　劉忠器知府有傳

成化八年吳寬榜

山陰司馬堊按察副使有傳　陳哲知府

餘姚楊榮郎中　陳洵知府　陳謨提學副使

黃謙主事　吳智郎中

陸淵初宰合肥祀名宦召拜御史尋督學北畿終福建參政卒于官罰無餘帛子三人相棟幹並舉進士

嵊王暄知府

成化十一年謝遷榜

山陰魯誠郎中　堵昇叅議　淩宷知縣

陳轂御史　沈振知縣

會稽董復知府有傳

蕭山徐洪員外　孔斌

餘姚謝遷大學士謚文正有傳　諸讓叅議　韓明副使

滑浩知府　石塘知縣

上虞洪鍾刑部尚書有傳

新昌俞振才按察副使有傳　俞深工部侍郎

成化十四年曾彦榜

山陰白瑾知縣　王鑑之刑部尚書有傳　祁司員知府有傳

會稽鈕清副使　董豫僉事見邑志　章忱知府有傳

鄭仁憲知縣

餘姚毛科提學副使　李時新主事　黄肅副使

聞人琱府丞

上虞劉珩知縣

諸暨馮玨員外

成化十七年王華榜

山陰　陳邦榮自幼勵志于學既第南宮不就廷試而歸藏修愈篤未幾卒所著有履齋遺稿皆切實可訓

會稽　張闇大理寺副

蕭山　富玹僉事

餘姚　王華南京吏部尚書有傳　黃珣榜眼南京吏部尚書有傳

陳倫員外　毛憲副使　徐諫大理寺副

翁廸少窶甚嘗採薪以自給暮乃歸讀書已而登進士歷刑禮二部郎遷貴州叅議晉左叅政致仕

吳裕御史　孫衍御史

黃琪鹽運使

諸暨　駱瓏知州

成化二十年李旻榜

山陰　祁仁主事

會稽　陸寧知府

餘姚　傅錦郎中　陳雍工部尚書有傳　吳欽知府

邵蕃初授建平令奏最拜御史督學北畿遷陝西副使仍督學忤逆瑾矯旨致仕家居貧甚蔬食水飲者數十年卒年九十有三

華福會魁參議　潘絡刑部主事

嵊　丁哲任刑部主事遷郎中執法不避權璫以忤旨下獄給事龐泮論救得釋歸數作復起

知濮州改蘇州府同知致仕

新昌　呂大川　知府見邑志　呂獻　兵部侍郎有傳

俞振英　尚寶司卿同兄傳

成化二十三年費宏榜

山陰　陳邦郘　祝瀚　知府有傳　張景琦　知府

會稽　胡悳　主事　秦渙　知縣　陳鎬　副都御史有傳

車份　初令玉山歷慶遠守所至有惠政後以母老乞歸　陳欽　副使

蕭山　張嵿　工部尚書有傳　葉清　知州

餘姚　蔡欽　鹽運使　毛實　郎中　汪鋐　御史

翁健之　王恩布政　張時澤知府

華璉終四川左布政平生清謹家無餘貲

上虞潘府會魁太常少卿見理學傳　壽儒主事

弘治三年錢福榜

山陰胡儀　張景明長史贈大學士謚恭僖有傳

王經按察副使擢按察使未赴而卒爲人長厚無城府陽明錄中所與王文濟唱和者即經也

會稽秦銳副使　陶懌參議有傳

蕭山來天球按察使

餘姚汪澤主事　范璋同知　邵蕡布政有傳

蔡鍊按察副使

上虞陳大經知縣　尹洪御史

嵊陳珂大理寺卿

弘治六年毛澄榜

山陰汪獲麟　吳蕣　李璉

高臺郎中

會稽胡恩參議　陳元知府　韓大章知府

蕭山胡昉主事

餘姚陸相知府　徐守誠參議有傳　馮清兵部侍郎有傳

高遷知縣　吳天祐知縣　楊簡知府

孫燧都御史諡忠烈見忠節傳

弘治九年朱希周榜

山陰何詔工部尚書有傳　費愚知府有傳

會稽陶諧

餘姚鄒軒會魁都給事中　胡洪給事中　邵坤知縣

黃曦僉事　楊譽僉事　鄒泰通判

韓廉初授任縣令值歲饑建議出稅契錢以築城城成民賴以全活者甚衆徵拜御史所

去盜剽掠旁邑任獨安堵民立石頌之遷
撫福建忤逆瑾謫萬安已又以他事逮繫
詔獄踰年瑾誅累遷山東按
察副使致仕卒年九十有四

上虞 陳大紀 僉事　葛浩 大理寺卿有傳

弘治十二年倫文叙榜

山陰 張景暘 知府

會稽 錢暉

餘姚 王守仁 新建伯兵部尚書謚文成見理學傳　陸楝 知府

牧相 參議有傳　謝廸 布政　王乾 知縣

上虞 張文淵 郎中　張錦 知府　謝忠 參議

孫景雲知縣　徐朴知府

嵊　周際知縣

弘治十五年康海榜

山陰　吳便副使　周禎　沈欽僉事

高壇知府

餘姚　孫清榜眼參議　徐天澤知府　胡軒運使

沈應經禮部主事　宋冕副都御史有傳　姜榮通判

陳璣太僕寺丞　黃堂會試中式

上虞　朱衮初爲御史終知府居官有風裁晚歲以文學稱于鄉　葉信知府

弘治十八年顧鼎臣榜

會稽　董玘　會元榜眼吏部侍郎贈尚書謚文簡有傳

蕭山　錢玹　知縣

餘姚　謝丕　會魁探花吏部侍郎　倪宗正　胡東皋　僉都御史有傳

諸綸　通判　胡鐸　任和　僉事

上虞　徐子熙　光祿少卿

正德三年呂柟榜

山陰　胡克忠　知縣　胡文靜　光祿少卿　周礽　郎中

郁采　知州贈光祿少卿見忠節傳　馬錄

會稽　章槩知府　毛鳳御史　姚鵬副使

陳銘同知

蕭山　田惟祐知府　盛瀧知府有傳

餘姚　汪克章僉事　徐文元　黃嘉愛知州

徐愛南京工部郎中見理學傳　駱用卿員外

上虞　謝顯知縣

正德十六年楊慎榜

山陰　劉棟

會稽　韓明僉事

餘姚汪停同知　張璿員外　施德禎

嚴時泰初令溧陽召拜御史以孔時肅爲孝府儀賓改鎮江同知歷四川左布政所至並有聲撫按奏楚郡王無所出鬻産南太僕卿尋以副都御史巡撫四川終南工部侍郎年七十致仕歸在官四十餘年蕭然舊廬了無長物卒之日至無以爲殮清白之操近世所罕見云

上虞張文澐

嵊金鯉副使

新昌俞集有傳

正德九年唐皐榜

山陰　朱節御史贈光祿少卿見祖純傳　王麭知府

姚世儒知府　蕭鳴鳳提學副使有傳　張思聰參政

王軾知縣

會稽　羅江

餘姚　陳克宅副都御史有傳　王時泰長史　邵惪容主事

楊天茂長史

上虞　曹軒僉事

嵊　張邦信僉事

正德十二年舒芬榜

山陰 汪應軫 會魁　傅南喬 同知　何鰲 刑部尚書附父詔傳

蔡宗兗 字希顏初從新建學卓有志操掌教江西主白鹿洞後爲提學僉事與臺使不合拂衣歸風節凜凜晚年頗不滿於鄉評令譽鮮終爲可惜云

會稽 季本 知府見理學傳　沈弘道 僉事有傳　謝元順 郎中

蕭山 徐官 僉事

餘姚 張懷 强記洽聞性尤冲淡官至廣東參政解組歸布袍芒屨與農夫爲伍儉素之風至今可仰　毛紹元 參政　陳煐 光祿卿

顧遂 侍郎有傳　徐子龍 知縣

上虞 葛木 參政父浩同傳　車純 右副都御史有傳　徐子俊

曹輻 參議

嵊 杜民表 御史有傳

新昌 胡汭

正德十六年楊惟聰榜

山陰 周祚 給事中見父廷澤傳　徐俊民 僉事　周文僎 郎中

田麟 知府　鄭驄 登科考名騶

會稽 司馬相 其先本溫公文裔自夏邑遷越因家焉初授刑部主事有戚里犯法執問不少貸稍遷福建僉事以大獄被譴歸家居十餘年務自砥礪孝友清約無間于鄉評所著非泉遺稾越郡志畧各十卷子初祉並舉進士

王楊

餘姚張逵　胡昭郎中

邵煉與弟芸同舉進士歷雲南僉事有靖寇功尋遷副使備兵南贑廉靜不擾會其子基成進士遂致仕歸卒年八十有四

邵華副使　楊撫提學副使以文學稱於鄉見孫嬪張元忭序志

史立模知府　徐子貞主事謫州同　顧明復

魏有本右都御史贈南京工部尚書有傳

諸暨陳賞員外郎終同知

嘉靖二年姚淶榜

山陰　潘壯御史　沈澧參議

吴彦僉事

蕭山　周憲推官

餘姚　陸榦　楊大章刑部侍郎

張心御史　龔輝南京工部侍郎有傳

陳洪範知縣　方雲鶴

張鏜

新昌　俞振強大理寺副　俞朝妥都給事

嘉靖五年龔用卿榜

山陰毛一言僉事　周文燭祭酒　錢楩郎中

金椿知府　周襗都御史　包珊行人

朱篚副使見父導傳　朱篪御史見父導傳

餘姚聞人銓副使有傳　吳惺布政　諸演僉事

管見初爲常州推官每務平反名拜給事中時大工方興戶部議加派見極陳不可世廟嘉納之已又言邊防大壞咎在政府遂出爲廣東參政尋致仕歸

上虞陳楠按察副使有傳

嘉靖八年羅洪先榜

山陰茅宰主事有傳

會稽　謝紘知府

餘姚　王正思知府　孫應奎都御史　周如底太僕少卿有傳

趙塤初知桐城調石城遷南刑主事再謫州同知歷僉事叅議致仕爲人端亮以古道自持故所至多齟齬而惠澤在人去後常見思桐城祀名宦旣歸田被服如儒生所居僅蔽風雨以子錦貴累贈太子少保兵部尚書左都御史

徐九皐副使　徐存義知府　葉洪

上虞　陳洙兵部侍郎

諸暨　翁溥刑部尚書謚榮靖有傳

嘉靖十一年林大欽榜

山陰　王畿　郎中見理學傳　陳修　御史

蕭山　來汝賢　終主事有文學名

餘姚　吳至　知府　于廷寅　僉事　毛復　御史

邵元吉　知府　陳壇　會魁參政　韓岳　御史

李本　復姓呂大學士有傳　錢德洪　郎中見理學傳

上虞　姚翔鳳　行太僕卿　葉經　御史有傳　謝瑜　御史有傳

諸暨　駱驥　知縣

新昌　呂光洵　工部尚書有傳

嘉靖十四年韓應龍榜

山陰　周浩　苑馬卿　張韜　副使　徐緝　參議

沈夢鯉　郎中

會稽　陳鳳　僉事

蕭山　翁五倫　仕終福州知府母蕭早寡而性悍喜怒不常五倫能承順無忤其孝有足稱云

餘姚　韓應龍　修撰　孫陞　榜眼南京禮部尚書贈太子少保謚文恪有傳

鄒絢　員外　諸燮　會魁主事所著易說至今學者宗之

錢應揚　御史　盧璘　運使　徐方　同知

胡崇德　知縣　黄齊賢　主事　吳轅　知州

鄭寅　御史　王喬齡　參政　邵基　御史

張元同知　鄭烱僉事　顧廉評事

上虞陳紹知府有傳

新昌俞則全叅議

嘉靖十七年茅瓚榜

山陰蔣懷德叅政　張元冲副都御史附祖以弘傳

王國禎布政

徐緯僉事

金志初任惠州知府祀名宦終按察副使

魏夢賢郎中

會稽王楠　沈錬錦衣衛經歷贈光祿少卿有傳

陳鵠僉事

蕭山戴維師僉事

黄九臯初授工部主事終魯府長史居鄉建議築西江塘至今賴之

餘姚翁大立南京兵部尚書　聞人德行司丞　嚴中知府

蔣玦知府　葉選郎中　諸敬之僉事

宋惟元主事

上虞賈大亨御史

嵊王炯同知

嘉靖二十年沈坤榜

山陰　張洽　御史　張牧　同知

會稽　商廷試　初知黃州府祀名宦終甘肅行太僕寺卿　沈橋　按察使附祖性傳

章美中　同知　章煥　僉事　陶大年　參政

徐綱　知府　鈕緯　僉事

餘姚　陳陞　宋大武　按察使　徐一鳴　知府

吳必孝　僉事　陸美中　副使　宋大勺　提學副使

陳采　金蕃　知府　王嵩　知府

周大有　御史　鄭邦卿　知府　陳墀　副使

宋岳按察使　谷鍾秀參議

新昌潘晟榜眼太子太保禮部尚書武英殿大學士有傳

嘉靖二十三年秦鳴雷榜

山陰劉櫝副使

會稽沈束南京通政使有傳　陶大有副使

蕭山張燭郎中　孫學古知縣　楊應元推官

餘姚周士佐僉事　胡安參政　俞介知縣

趙錦太子少保兵部尚書兼左都御史有傳　孫坊郎中

邵潼參議　張達知府　邵稷御史

上虞徐惟賢叅政　徐學詩南京通政司叅議有傳

陳絳府尹　葛楠知縣　陳信主事

謝讜知縣

嵊裘仕濂性朴而儉以禮自繩初授常州府推官召拜御史咸有風譽卒于官

新昌俞時歆主事

嘉靖二十六年李春芳榜

山陰羅椿知府　張天復陝西行太僕卿有傳

祁清布政有傳　吳俊郎中

會稽胡朝臣前通政司叅議　陶承學南京禮部尚書謚恭惠有傳

蕭山 黃世科

餘姚 胡正蒙 會元探花 國子祭酒 楊世芳 知府

翁時器 叅政 韓弼 提學副使 孫如賢 知縣

周如斗 副都御史 徐懷愛 知縣

嵊 邵惟中 行太僕寺卿

新昌 俞時及 同知

嘉靖二十九年唐汝楫榜

山陰 王元春 初授南昌推官歷都給事中終陝西按察使少嘗從新建學爲人簡重寡言笑人稱長者卒年八十有三

高鶴前南京給事中　趙理僉事

會稽范櫝知府　胡崇曾同知前主事

餘姚胡膏同知　諸暲主事　楊元吉行人

孫佳郎中

嵊喻槼官工部主事持身清慎未究所施而卒

嘉靖三十二年陳謹榜

山陰俞意主事　趙圭員外　孫大學復姓王知州

會稽司馬初知縣

蕭山張誼

餘姚孫鋌南京禮部侍郎有傳　楊九韶知縣　姜子羔行太僕卿有傳

上虞陳綰仕終刑部郎中行修學贍以詩文鳴于時有蒲洲集若干卷兄紹維紹有傳維嘗捐粟以賑其鄉人　楊旦主事　金桱副使

嘉靖三十五年諸大綬榜

山陰諸大綬吏部右侍郎贈禮部尚書謚文懿有傳

祝繼志江西僉事爲人端謹有志操驟卒于官時論惜之

沈寅按察使

會稽陶大臨榜眼吏部右侍郎贈禮部尚書謚文僖有傳　謝宗明僉事

葉應春知府　龔芝同知

餘姚　孫鑨 吏部尚書有傳　陳南金 主事　胡孝 知府

唐景禹　徐紹卿 知府　陸一鵬 運使

孫大霖 郎中

上虞　潘清亶 參議　鄭舜臣 知府

嘉靖三十八年丁士美榜

山陰　王元敬 副都御史有傳　吳兌 兵部尚書有傳　俞咨益 僉事

郁言 知縣　呂鳴珂 按察使

會稽　陶幼學 布政　胡儒 行人

餘姚　毛惇元 榜眼編修　陳覲 參政　陳成甫 僉事

邵晙知府　胡維新參政　史嗣元副使

夏道南副使　張岳侍郎有傳

上虞張承賚僉事　潘良貴運使

嘉靖四十一年申時行榜

山陰王燮知府

會稽史櫝參政

餘姚任春元郎中　楊世華按察使　諸察參議

陳有年右僉都御史有傳　周思克參議

上虞鍾穀副使　朱朋求長史前郎中

嘉靖四十四年范應期榜

山陰 胡邦奇 按察使　張博 長史寵給事中　高克謙 僉事有傳

祝教 禮部郎中終同知

會稽 陶大順 布政　陶允淳 尚寶司丞

餘姚 蔣勸能 參議　葉逢春 知府　顧褒 按察使

徐執策 同知

上虞 謝師嚴 主事

諸暨 駱問禮 副使有傳

新昌 呂若愚 郎中

隆慶二年羅萬化榜

山陰　朱南雍太僕卿　朱賡大學士諡文懿有傳　黃猷吉僉事

會稽　羅萬化狀元侍郎有傳　章禮參議

蕭山　張試知府有傳　何世學同知　來經濟僉事

餘姚　張堯年副使　鄒學柱參政有傳　沈應文參政

邵陛　鄒墀副使　張峕副使

孫汝滙長史前員外　邵一本知縣　張道明

孫鋐布政　孫汝賓評事

諸暨　周繼夏通判　蔣桐知縣

隆慶五年張元忭榜

山陰　張元忭 狀元春坊有傳　趙楫 參議　周應中 僉事有傳

會稽　商爲正 大理寺少卿　章如鈺 知縣

餘姚　史鈳 編修　陸夢熊 郎中　俞嘉言 知府

周思宸 知府　胡時化 參議　黃兆隆 知府

管稷 副使　諸大倫 主事前給事中

上虞　謝師成 知縣

萬曆二年孫繼皋榜

山陰　朱應 主事　王泮 副使　張一坤 副使

會稽陶允宜會魁員外　陳大統國子學錄　范可奇副使有傳

司馬祉知府

蕭山王景星知縣

餘姚孫鑛會元尚書有傳　史元熙主事　葉遵給事中

丁懋建知縣　孫健

上虞倪涷員外

萬曆五年沈懋學榜

山陰朱南英評事　郁文郎中　趙夢日知縣

馮景隆主事前給事中以言事謫　魯錦

蕭山　蔡萬里同知

餘姚　諸大圭主事　徐震知縣　管應鳳知縣

上虞　鄭一麟知府

諸暨　陳性學僉事有傳

嵊　董子行御史　周汝登戶部右侍郎有傳

萬曆八年張懋修榜

山陰　黃齊賢　馮應鳳太僕卿　徐桓

會稽　葉雲初主事　錢櫃國子助教

餘姚　邵夢弼員外　李槃推官　胡旦國子博士

萬曆十一年朱國祚榜

山陰　何繼高　主事

會稽　章守誠　參政　　沈良臣　行人

蕭山　來三聘　知縣

餘姚　胡時麟　庶吉士僉事　　史記勲　主事　　楊文煥　中書

姜鏡　行人有傳　　陸鎮黙　知州　　呂胤昌　推官

聞金和　推官　　孫如法　主事以言事謫有傳　　姚文德

上虞　陳繼疇　推官　　顔洪範　知縣

萬曆十四年唐文獻榜

餘姚吳道光知州　張集義知縣　楊宏科

孫繼有知府有傳

萬曆十七年焦竑榜

山陰陳鴻副使　陳烇御史　劉毅布政

會稽陶望齡會元祭酒有傳　胡琳太僕寺卿

餘姚楊維嶽　陳鍭　陳釁生

上虞何大化

萬曆二十年翁正春榜

山陰朱燮元總督尚書有傳　陳美參議　王應吉

朱敬循 通政

餘姚 朱錦　陳治本　陳治則

沈裕　丁浚　葉敬愿

萬曆二十三年朱之蕃榜

山陰 王思任 僉事有傳　朱瑞鳳　張汝霖 元忭子副使有傳

王循學　尹三聘 主事

會稽 翁汝進

餘姚 孫如游 禮部尚書有傳　黃化龍 知縣

萬曆二十六年趙秉忠榜

山陰　王建中知縣　董紹舒　金應鳳布政

會稽　王舜鼎工部尚書有傳　王以寧提學御史有傳　陸夢祖府尹

蕭山　倪朝賓

餘姚　戴王言　潘陽春

上虞　洪瞻祖

諸暨　傅賓主事

嵊　喻安性總制兵部尚書有傳

萬曆二十九年張以誠榜

會稽　錢象坤大學士有傳　董元儒廣西巡撫有傳　商周祚吏部尚書

劉宗周左都御史有傳

蕭山王三才府尹贈工部侍郎有傳

餘姚蔣一總　徐應登　諸允修

上虞徐如翰參政有傳　徐梁棟

萬曆三十二年楊守勤榜

山陰彭若昌復姓章主事　祁承㸁僉事

會稽林紹明布政

蕭山來宗道大學士　陳伯龍主事

餘姚魯史　葉大受　陳謨

諸暨　壽堯臣

萬曆三十五年黃士俊榜

蕭山　王命禹　郎中　來斯行　布政　有傳

餘姚　金鍊

上虞　趙孟周

諸暨　錢時　副使

萬曆三十八年韓敬榜

山陰　陸夢龍　叅政　有傳

會稽　陶崇道　布政

餘姚　胡一鴻　黄球　潘融春

張紹魁

上虞　鄭祖法知府　徐顯改名觀復

萬曆四十一年周延儒榜

山陰　張汝懋元忭子大理寺丞　孫杰工部尚書

會稽　姚應嘉大理寺卿　董懋中尚寶司卿　周用賓御史

餘姚　姜逢元吏部尚書有傳　沈景初　王業浩兵部尚書有傳

朱瀛達　孫如洵

上虞　李懋芳山東巡撫有傳　周夢尹

萬曆四十四年錢士升榜

山陰　吴從魯主事　陳爾翼給事　劉永基副使有傳

周洪謨給事

會稽　范紹序給事

蕭山　黄可師知府

餘姚　黄尊素御史有傳　陸一騏　盧承欽

姜一洪布政有傳

上虞　徐人龍兵部右侍郎有傳　徐宗儒　潘灼

萬曆四十七年莊際昌榜

山陰丁乾學侍讀學士

會稽馬維陛

餘姚施邦曜都御史有傳　呂邦翰　葉憲祖

魯時昇庶吉士　朱啓英　馮國英

上虞丁進檢討　徐景麟

諸暨楊肇泰知府　駱先覺知縣

新昌呂奇策

天啓二年文震孟榜

山陰祁彪佳巡撫有傳　邢大忠吏部主事疏參催承秀係三江閘人咸辭之

王毓仁 知縣　王忠陛 主事　陳殷 少卿
陳璘

會稽 羅元賓 御史有傳

餘姚 胡敬辰 叅政

上虞 倪元珙 提學御史有傳　倪元璐 戶部尚書有傳　陳維新 副都御史

諸暨 陳元暉　壽成美 行人　駱方璽 主事

天啓五年余煌榜

山陰 張明昌 知府　朱兆栢 少詹　錢受益 少詹

會稽 余煌 狀元侍讀學士有傳　金蘭 提學御史

蕭山 來方煒 員外

餘姚鄭之尹　參政

崇禎元年劉若宰榜

山陰周鳳翔　左春坊　有傳　張焜芳　給事　宋運昌　知縣

朱錫元　副使

會稽張星　庶吉士　魯元寵　推官　商周初

餘姚鄭光昌

上虞徐胤昇　陳美發

嵊王心純

崇禎四年陳于泰榜

山陰吴之芳庶吉士　史洪謨知縣　嚴起恒副使

會稽章正宸給事有傳　馬權奇主事

餘姚十重華　熊汝霖給事有傳　胡鍾麟

上虞顧儀

崇禎七年劉理順榜

山陰沈燧晃中書　朱光熙知縣　錢艮翰主事

蕭山王鼎鉉主事

餘姚鄭翼雲附都御史施邦曜傳

諸暨方允昌員外

新昌 俞志虞 御史 有傳

崇禎十年劉同升榜

山陰 何弘仁 知縣　唐九經 知縣　田嘉生 知縣

繆沅 吏部郎中　錢朝彥 知縣

會稽 章重 知縣　李冲

餘姚 陳士瓚　潘同春　孫嘉績 僉事 有傳

姜應龍

崇禎十三年魏藻德榜

山陰 吳邦臣 御史　祁熊佳 知縣　吳從義 知縣 有傳

劉明孝 知縣　王三俊 僉事

會稽 王紹美 推官

蕭山 韓日將 推官　來集之

餘姚 邵秉節　陳相才　姜謙受

嵊 盧鳴玉

崇禎十六年楊廷鑑榜

山陰 周繼芳 主事　俞璧 推官　余增遠 知縣 有傳

魯臬 庶吉士　王觀瀛 知縣　金廷詔 知縣

會稽 陶履卓 行人　王自超 庶吉士　徐鼎

蕭山 夏有奇知縣

餘姚 李安世　嚴之偉　戴長治

上虞 徐復儀

諸暨 史繼猷郎中　余綸推官

皇清順治三年傅以漸榜

山陰 徐化龍鹽運使　王士驥御史　胡兆龍吏部左侍郎有傳

餘姚 袁懋功

順治四年呂宮榜

山陰 胡昇猷　王之鼎　陸嵩

章雲鷟

會稽　謝泰　丁同益推官　陸華疆

蕭山　周纁烈

餘姚　胡惟德

諸暨　蔣爾琇知縣

順治六年劉子壯榜

山陰　姜圖南　王慶章副使　張舜舉知縣

會稽　童欽承　范進

餘姚　鄔景從　戴京曾　鄭龍光

順治九年鄒忠倚榜

山陰　陳可畏　周沛生知縣　錢受祺副使

方希賢推官

會稽　唐賡堯

餘姚　呂應鍾

諸暨　余縉　章平事

順治十二年史大成榜

山陰　陳必成提學副使　龔勲知縣

會稽　章貞　顧豹文　葉川佺

餘姚戴錫綸　楊應標

諸暨虞宗岱知府

新昌呂正音

順治十五年孫承恩榜

山陰鍾國義

會稽馮肇楠　金煜　董艮檟

蕭山黃邵士復姓邵

餘姚馬晉允　沈振嗣庶吉士　俞璘

胡鄂　史尚轍

順治十六年徐元文榜

山陰　陳景仁　李平編修

會稽　陶作楫　陳之蘊

蕭山　周之麟　丁克揚

餘姚　鄭夢坤

順治十八年馬世俊榜

山陰　滕達　吳復一

蕭山　何兆珪復姓潘

餘姚　邵昆嶽　余復亨　張之敬

朱約淳

康熙三年嚴我斯榜

山陰　茹鉉　胡鑛

會稽　王燦

餘姚　邵吳遠

上虞　陳儁卿

嵊　尹巽

康熙六年繆彤榜

山陰　何天寵　沈胤范　胡懋宣

孫宣化　宋嗣京

會稽　王穀振　邵懷棠

蕭山　來垣　韓辰旦復姓任

上虞　朱魁鰲

康熙九年蔡啓僔榜

山陰　李阜復姓朱　沈尚仁　祝弘坊

會稽　童煒　王穀章

蕭山　王先吉

康熙十二年韓菼榜

山陰呂廷雲　朱尚隆　余應霖

蕭山張際鵬

康熙十五年彭定求榜

山陰胡忠正

會稽陶式玉

康熙十八年歸允肅榜

會稽秦宗游

新昌陳捷　呂爚

康熙二十一年蔡升元榜

山陰　余泰來

會稽　魯德升　姜之琦

諸暨　余一燿　蔣遠　余毓澄

上虞　范嘉業

嵊縣　高克藩

康熙二十四年陸肯堂榜

山陰　沈五臬　諸來晟

會稽　王德祚　謝錫

蕭山　沈士本

康熙二十七年沈廷文榜

山陰　戴超

會稽　陶士銧

餘姚　陳元

上虞　杜淇英

康熙三十年戴有祺榜

山陰　姜承煓　田軒來　姚弘仁

康熙三十三年胡任輿榜

山陰　陳允恭　李瀛

會稽　唐曾述

諸暨　酈祖仁

餘姚　蘓滋怵

康熙三十六年李蟠榜

山陰　李發枝

會稽　龔汝寬

蕭山　陳至言

康熙三十九年汪繹榜

山陰　張燧　陳來楫

會稽朱世衍　　章應璧
蕭山來燕雯
上虞馬楠
康熙四十二年王式丹榜
會稽王遐祚
蕭山何垣
康熙四十五年王雲錦榜
山陰傅王雯　　劉文燧　　趙予信
孫讜

會稽　張鉞　姜承讌　陳紱

蕭山　任澐　毛遠宗　來珏

諸暨　壽致潤　孔豸　毛鉦

餘姚　諸起新

上虞　胡世昌

康熙四十八年趙熊詔榜

山陰　周天任

會稽　馮應銓　孫金堅　金虞廷

上虞　陳棫　周超

康熙五十一年王世琛榜

山陰吳振鎬　張世文　李登瀛

高暉

會稽陶必達

諸暨壽奕磐

上虞徐雲瑞

嵊縣應朝昌

康熙五十二年王敬銘榜

山陰陳沆　茹昌鼎

會稽　厲煌

蕭山　王協燦

諸暨　壽致浦

上虞　徐雲祥

康熙五十四年徐陶璋榜

山陰　陳弘訓

會稽　傅王露

康熙五十七年汪應銓榜

山陰　金以成　潘翰　傅王霅

陳聚倫

會稽王明　董俊

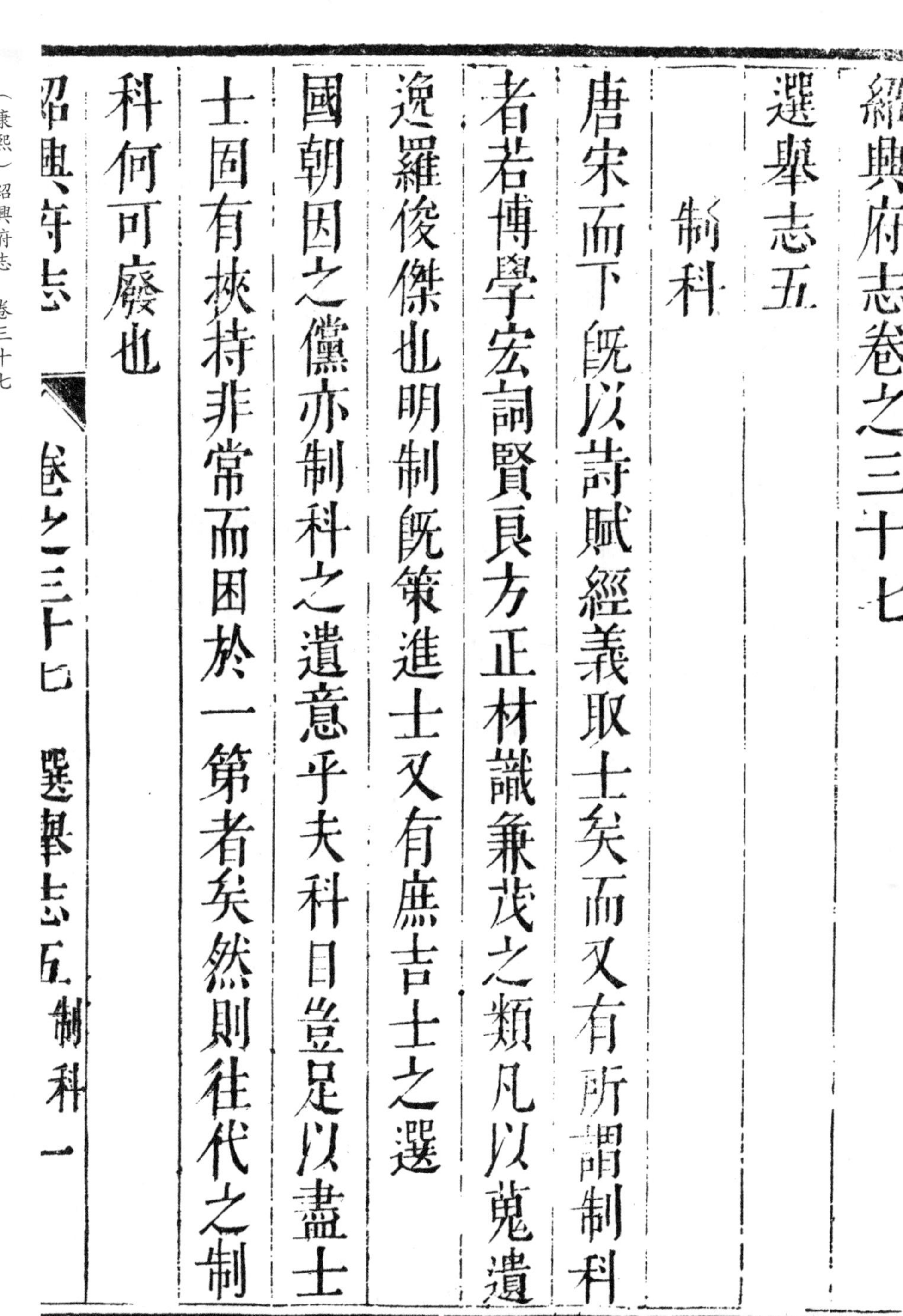

紹興府志卷之三十七

選舉志五

制科

唐宋而下既以詩賦經義取士矣而又有所謂制科者若博學宏詞賢良方正材識兼茂之類凡以蒐遺逸羅俊傑也明制既策進士又有庶吉士之選

國朝因之儻亦制科之遺意乎夫科目豈足以盡士士固有挾持非常而困於一第者矣然則往代之制科何可廢也

〔唐〕

高宗時 孔若思 山陰人中明經科衞州刺史有傳

中宗嗣聖中 孔季詡 山陰人秘書郎

康希銑 一名希仙會稽人中明經科刺史有傳

元宗開元初 康子元 會稽人中明經科秘書監有傳

開元中 徐浩 會稽人中明經科尚書右丞有傳

德宗時 羅讓 會稽人中宏詞賢良方正科觀察使有傳

失年次籍 周丁會 中宏詞科

〔宋〕

太宗淳化三年 沈樸 會稽人中賢良方正直言極諫科終御史糾劾權貴爲時所重

真宗景德三年 錢易 會稽人昆之弟光祿寺丞中賢良方正直言極諫科終通判有傳

仁宗天聖中　齊唐　會稽人兩中制科終職方員外郎有傳

慶曆二年　錢明逸　易之子殿中丞中材識兼茂明於體用科附兄彥遠傳

慶曆六年　錢彥遠　易之子太常博士中賢良方正直言極諫科終右司諫有傳

皇祐五年　顧臨　餘姚人中明經科賜九經出身終學士知河南有傳

嘉祐二年　夏噩　會稽人明州觀察推官中材識兼茂明於體用科

神宗元豐五年　朱戩　諸暨人中明經科有傳

徽宗宣和元年　王俊　上虞人中詞學兼茂科冀州教授

大觀中　王弘基　嵊人中明經科終秘書正字

高宗紹興五年　石慶　新昌人中博學宏詞科明州教授

紹興中　錢宇之　嵊人中賢良方正直言極諫科終助教

孝宗乾道五年　莫叔光　山陰人中博學宏詞科終秘書監有傳

許蒼舒　會稽人左廸功郎廣德軍教授中博學宏詞科

寧宗嘉定中　錢楊祖　宇之之孫中博學宏詞科知吉安郡

嘉定中　邢宜　嵊人中博學宏詞科終通判

理宗嘉熙二年　岑全　餘姚人中詞學科終校書郎有傳

嘉熙三年　胡太初　會稽人中詞學科第一人

淳祐十年　孫嶸叟　餘姚人中博學宏詞科終禮部侍郎有傳

度宗咸淳元年　岑賢孫　餘姚人中詞學科

章一新　中博學宏詞科

年籍失攷

徐執 中博學宏詞科

王弘 中明經科

元

順帝至正中

徐中 山陰人諸暨州學錄

張福 山陰人太守遠猷孫溫州學正明洪武初死于兵難

皇清

康熙己未

毛奇齡 蕭山人中博學宏詞科授檢討

明永樂御極之三年一甲進士曾棨等既授翰林復選諸進士之才雋者偕棨等讀中秘書歷試三載乃授以職館省臺署惟其所任自是著爲令其人幸以地爲限大省不過四人而越郡往往居其二彬彬盛矣茲特著之以附制科之後云

永樂三年 章敞 會稽人禮部左侍郎有傳

柴廣敬 餘姚人幼孤母陶守節教之刻苦淸勵無謾辭戲色既入館預修禮樂聲韻諸書心苦貌瘠未嘗一息少懈京師儒者稱篤志忠信必歸焉尋卒

九年 張習 會稽人僉事

十三年 周安 山陰人御史轉同知

十六年 王暹 山陰人右都御史有傳

柴蘭 餘姚人吏部員外郎終參政

十九年 衛恕 蕭山人參政

宣德五年 許南傑 餘姚人授太常博士擢知南安妖賊孫佛羅倡亂詔籍其黨南傑辯其脅從釋之調知曲靖兩郡俱祀名宦

陳璣諸曁人入館逾月而卒

八年陳金上虞人累官廣東布政使清修簡約有惠政丁外艱歸民攀留載道

何瑄餘姚人授檢討官至四川布政使

正統元年秦瑛山陰人檢討

景泰二年戚瀾餘姚人編修有文名丁内艱歸卒于家

俞欽新昌人兵部左侍郎有傳

五年夏時餘姚人終湖廣僉事

天順八年汪鎡山陰人郎中

成化二年陸淵之上虞人布政使有傳

五年　邵有良　餘姚人授御史終潯州知府

馮蘭　餘姚人江西提學副使一云布政

謝顯　會稽人按察副使

二十三年　翁健之　餘姚人終貴州布政使有薇軒集

弘治六年　吳蕣　山陰人給事中有傳

九年　陶諧　會稽人兵部左侍郎有傳

十五年　周禎　山陰人檢討

十八年　倪宗正　餘姚人初諭知太倉州轉禮部員外諫武宗南巡午門外跪五日杖四十出知南雄府尋致仕歸以詩文名於時

胡鐸餘姚人終南京太僕寺卿有傳

正德六年劉棟山陰人兵部右侍郎附劉子華傳

十二年汪應軫山陰人江西提學僉事有傳

十六年張逵餘姚人刑科給事中有傳

嘉靖十一年李本餘姚人復姓呂少傅兼太子太傅禮部尚書武英殿大學士守制二十年年八十特賜存問

按舊史是歲史館員缺於進士未選者自年三十五而下悉令就試取二十一人本未與其選也既進呈上閱卷見爾封姓名疑有私遂報罷久之復命內閣覆考進士亦取二十一人本乃改庶吉士後十餘年而拜相以是知榮進有數云

二十年　陳陞　餘姚人禮部侍郎贈尚書謚文僖有傳

三十二年　孫鋌　錦衣衛籍餘姚人南京禮部右侍郎

隆慶二年　朱賡　山陰人吏部左侍郎兼侍讀學士

張道明　金吾衛籍餘姚人授御史　邵陛　餘姚人右僉都御史

五年　史鈳　餘姚人授編修

萬曆十一年　胡時麟　餘姚人授給事中　徐大化　羽林衛籍會稽人授御史

二十九年　錢象坤　會稽人大學士有傳

三十二年　來宗道　蕭山人大學士

四十一年　姜逢元　餘姚人尚書有傳

四十七年　丁乾學　山陰人　學士　　魯時昇　餘姚人

丁進　上虞人　檢討

天啓五年　朱兆栢　山陰人　少詹　　錢受益　山陰人　少詹

崇禎元年　周鳳翔　山陰人　有傳　　張星　會稽人

四年　吳之芳　山陰人　檢討　　章正宸　會稽人　有傳

十六年　魯臬　會稽人　　王自超　會稽人

皇清順治三年　胡兆龍　山陰人　有傳　　王士驥　會稽人　御史

四年　章雲鷺　山陰人　侍郎　　陸嵩　會稽人

六年　姜圖南　山陰人　御史

九年　錢受祺　山陰人　副使

十五年　馬晉允　餘姚人　沈振嗣　餘姚人

十六年　李平　上虞人　編脩　陳景仁　山陰人　知府

周之麟　蕭山人　少詹

康熙九年　朱阜　山陰人　編脩

十八年　秦宗游　山陰人　陳捷　新昌人

二十一年　余泰來　山陰人　魯德升　會稽人

三十三年　陳允恭　山陰人

三十六年　陳至言　蕭山人

四十五年 壽致潤 諸暨人　諸起新 餘姚人
五十一年 徐雲瑞 上虞人
五十二年 厲　煌 會稽人
五十四年 傅王露 會稽人
五十七年 金以成 山陰人　潘　翰 山陰人
董　俊 會稽人

選舉志六

武科

彤弓鹿鳴並歌于詩文武迭用古之制也前代無攷若邑志所載五代及宋圓歷歷可數乃越人弓馬謝於燕趙士登茲選者如晨星然明時更倭寇之亂人騎射家韜鈐於是猛士雲興旌鉞相望矣大清之制與前代同而士以武見售者視昔尤盛今志選舉終武科示兼所重也

五代

何茂　新昌人　胡璟　新昌人

宋

呂定 新昌人　郭光 上虞人宣和三年　石公輅 新昌人會舉第一

潘勝 新昌人殿前都虞侯淳熙四年　石子潚 新昌人勅授訓義郎

楊文山 上虞人嘉泰元年　杜夢與 上虞人寶祐四年　趙崇濘 上虞人

梁邦禁 新昌人經畧使

明

國初無攷自嘉靖中始

嘉靖丙戌科

孫堪 餘姚人錦衣衛正千戶會舉第一歷都督僉事有傳

彭應時 山陰人初爲諸生慷慨喜任俠好讀孫吳善射發必中又善舞大刀走馬上下觀者絕倒間爲古詩歌有奇氣登武科授鎮撫會倭賊之亂督府統兵圍賊于

乍浦應時受命率步卒百人守獨樹林賊數百人突圍來應時倉卒遇之止挾三矢殺三人賊既衆且死命兵却應時怒罵獨奮而前身被三十餘創流血沁甲猶力戰不屈馬忽顛遂遇害人皆壯其勇而悲其志云

嘉靖壬辰科

毛綰餘姚人民生歷千戶

嘉靖乙未科

胡賢餘姚人武生授所鎮撫

嘉靖庚戌科

陳大綸紹興衛前所副千戶歷陞都指揮僉事

嘉靖癸丑科

孫鈺錦衣衛左所正千戶餘姚人歷陞都督同知管衛事

張輪紹興衛三江所小旗歷陞把總　棍武臨山衛舍人授所鎮撫

嘉靖丙辰科

周粟臨山衛右所百戶歷陞江防都司　棍寅臨山衛中所應襲歷陞叅將

嘉靖己未科

毛希遂餘姚人民生授所鎮撫

嘉靖壬戌科

王尚文觀海衛右所百戶歷陞都督同知總兵官

吳大武直隸吳縣籍山陰人授所鎭撫　孟子文紹興衛三江所軍生授所鎭撫

嘉靖乙丑科

孫濟美觀海衛指揮舍人授所鎭撫

隆慶戊辰科

吳顯忠山陰人民生歷陞叅將　汪可大餘姚人民午歷陞叅將

孫如津京衛武學應襲餘姚人都督僉事管錦衣衛

宣汝元山陰人都司

隆慶辛未科

韓沛三江所軍歷陞叅將　葉忠會稽人武生授所鎭撫

陳伯勝觀海衛舍授所鎮撫

萬曆甲戌科

李能白觀海衛百戶應襲授所鎮撫　吳允忠雲南都司官籍山陰人歷陞遊擊

金秉鉞會稽人民生歷陞遊擊

萬曆丁丑科

黃岡紹興衛指揮使陞守備　吳學山陰人陞把總

孫嵩三江所人授所鎮撫　周書臨山衛舍餘授所鎮撫

吳紳山江所參將

萬曆庚辰科

茹日章嵊縣人都指揮

萬曆丙戌科

孫可教三江所

萬曆己丑科

章承祖會稽人

萬曆壬辰科

章成會稽人

萬曆乙未科

范繼斌會稽人都司

萬曆戊戌科

萬繼道會稽人總兵　陳汝孝上虞人

萬曆辛丑科

黄鉞上虞人狀元都督掛印將軍　邢大有嵊縣人　何斌臣山陰人都督

萬曆甲辰科

顧文綱上虞人叅將　童朝明嵊縣人遊擊

萬曆丁未科

陳抱忠山陰人汝元弟都司　章仁會稽人鎮撫

袁大寧會稽人都督僉事

萬曆庚戌科

陳藩屏 山陰人抱忠弟副將　謝弘儀 會稽人狀元

萬曆癸丑科

章敬身 會稽人

竺凌雲 嵊縣人字抱冲由文學善騎射中己酉科壬子武舉授黄州守備山寇出没漂掠出奇擒滅陞福建都司遇覃恩誥贈祖父討平土寇屢陞懷慶副總兵

萬曆丙辰科

章明幹 會稽人　陸之彦 會稽人都司

馬繼俊 會稽人　蔡繼高 蕭山人守備

萬曆己未科

孫志學　山陰人　都司　　陳　儁　上虞人　叅將

童惟坤　嵊縣人　見忠節傳

天啓壬戌科

傅崇儀　山陰人　都司　　童朝儀　山陰人　勦賊有功官至都督

章　易　會稽人　　章應試　會稽人

王　鏻　會稽人　　壽邦寧　諸暨人

田九晅　諸暨人　　傅　均　諸暨人

天啓乙丑科

姚萬憲會稽人狀元　章金會稽人

崇禎戊辰科

丁寧國山陰人守備

崇禎辛未科

沈至緒蕭山人任郿陽都司流賊犯疆命爲前鋒初戰焚賊營報捷再戰被執遂觸石而死詔贈昭武將軍其女雲英别有傳載邑志

徐臣美上虞人都司

崇禎丁丑科

王貽杰山陰人　劉穆山陰人狀元

崇禎癸未科

童維超 山陰人　姚　鍾 會稽人

皇清順治巳丑科

陳錫華 山陰人　茹■羆 山陰人叅將　戴天模 山陰人游擊

盛其德 山陰人叅將　陶子元 會稽人都司　陸元文 北籍叅將

順治壬辰科

徐　綗 會稽人　鍾　鉉 上虞人

王玉璧 會稽人狀元

順治乙未科

高允焯　山陰人　　陳則都　山陰人

劉燧　山陰人　　呂之引　諸暨人

時晉賢　會稽人　　吳三才　山陰人

順治戊戌科

劉炎　狀元山陰人總兵　　葉[illegible]特　山陰人

吳[illegible]綬　會稽人殉難有傳　　李彬　山陰人都司

順治庚子科

特恩丁際昌　京衛中式參將

順治辛丑科

董德政　山陰人

張國勳山陰人　張培山陰人

徐城會稽人北籍　王澍會稽人

管成上虞人　吳良駿山陰人

康熙甲辰科

周緒山陰人　李標山陰人

董暹山陰人　王成爾會稽人

王廷綵諸暨人　郭天行諸暨人

康熙丁未科

鈕元會稽人給事緯之曾孫天性孝友[illegible]慷慨好義克繩祖[illegible]

王文春諸暨人

康熙庚戌科　　　　余　烜北籍

郎天祚山陰人狀元　　茹昌誥山陰人

姜　壇山陰人　　婁　廣山陰人

葉維新山陰人　　王國珍會稽人

趙文璧蕭山人探花　　余　燦北籍

康熙丙辰科

何天培山陰人榜眼　　丁文龍蕭山人

范　琮山陰人　　金　箴山陰人

何天爵山陰人　董良櫹良櫝弟功加左都督

包予儀會稽人

康熙巳未科

周士達山陰人　俞章言山陰人

羅　洪會稽人狀元

康熙壬戌科

呂樽烈山陰人　阮應泰會稽人

徐啓瑞北籍榜眼　阮三仁諸暨人

姚廷棟北籍

康熙戊辰科

臧嘉模　蕭山人

康熙辛未科

錢士穀　山陰人　張逌　蕭山人

康熙甲戌科

沃親臣　蕭山人　王選　蕭山人

趙斌　諸暨人

康熙丁丑科

蔡壽　蕭山人

康熙癸未科

張　集　蕭山人

康熙丙戌科

來之焜　蕭山人

康熙己丑科

袁　星　諸暨人　金介檜　上虞人

康熙壬辰科

施嘉樴　山陰人　吳　淯　會稽人

康熙戊戌科

呂 旦 山陰人　　金以忠 會稽人

來之燦 蕭山人　　俞有勳

紹興府志卷之三十八

人物志一

帝后

志人物而首帝后帝后固庶物之首出者也自古帝王常產於秦晉河洛之墟彼其土沃衍其氣渾龐是以靈秀獨鍾焉自漢而下則風氣漸徙而南豐碭濠徐之間異人輩出矣然猶大江之北中原之區也吾越海陬彈丸耳乃自虞夏以後賢聖之君或生而遊焉或殁而瘞焉由漢迄明其間帝后鍾祥於越則史

傳有足徵者無乃東南淸淑之氣大會於會稽而曹娥錢塘左右縈抱以入于海地靈人傑有由然耶

虞舜　按舜姚姓史稱冀州人舜母握登感虹而生舜於姚墟因以姚爲姓姚墟者冀土也然孟子以舜爲東夷之人冀於九州爲北安得爲東夷哉今會稽蓋有諸馮村云舜之窮也嘗耕歷山漁雷澤陶河濱比其達也受堯之禪終於文祖而支庶分封於餘姚又封於上虞以虞稱國故因曰上虞以姚稱姓故因曰餘姚而其地有虞山歷山舜山舜井舜田桌里陶

竈漁浦又有握登舜廟舜即未必生於此要亦其子孫像舜所居而名之者矣古者天子巡狩方岳以勤恤民隱舜南巡既已至於蒼梧況會稽東南巨鎮哉王十朋氏曰舜不生於是則遊於是其殆然乎其國傳世不知於何時絶然勾踐之地東至於鄞鄞者今寧波之鄞縣也則竄於此時已亡矣

夏禹　按禹受舜命治水功未及成愁然沉思乃按黄帝中經曆蓋聖人所記曰在于九山東南天柱號曰宛委禹乃登宛委發金簡之書按金簡玉字得通

水之理還治水畢功于了溪宛委者會稽南山也了溪在今嵊縣及禹受舜禪三載考功五年考定周行天下至大越登茅山以會諸侯執玉帛者萬國封有功爵有德惡無細而不誅功無微而不賞防風氏後至禹戮之防風氏中州諸暨也其身三丈刑者不及乃築高塘以臨之禹既會諸侯乃大會計治國之道更名所登茅山曰會稽之山會稽者會計也禹是時已耆艾將老遂崩於大越葬于會稽之山後少康封其庶子無餘於大越以奉禹祀祥禹陵下

宋高宗　按高宗南渡都臨安府建炎三年金人分道來侵冬十月帝自臨安如越州以州治爲行宮而以大善寺爲守宅十一月用呂頤浩計下詔親征次錢清鎮百司有至曹娥江者有至錢清堰者趙鼎力諫不可帝還越州兀木入建康帝奔明州十二月金人陷越州四年屠明州帝走溫台州二月金人自明州引兵北還四月帝復駐越州六月隆祐皇太后孟氏至自處州紹興元年正月下詔改元紹興夏四月隆祐皇太后崩六月攢于會稽山之上皇村冬十月

陞越州爲紹興府二年春正月帝以呂頤浩勸自紹興至臨安復以行宮賜守臣

宋理宗　按理宗諱昀初名與莒太祖十世孫父希瓐燕懿王德昭之後也家於山陰母全氏以開禧元年正月癸丑生帝於城西之虹橋里第前一夕父夢一紫衣金帽人來謁比寤赤光滿室家人聞戶外車馬聲亟出無所覩帝常晝寢人忽見其身隱隱如龍鱗時寧宗弟沂王薨無嗣以宗室希瞿子爲沂王後賜名貴和嘉定十三年景獻太子薨乃立貴和爲皇

子又改名茲史彌遠在相位久欲假沂王置後爲名居奇貨以射利會塾師余天錫將反慶元彌遠密屬之曰今沂王無後宗子賢厚者幸具以來天錫渡江抵越城西門過全保長避雨保長知是丞相館客具鷄黍甚肅須臾有二子侍立天錫異而問之保長曰此吾外孫趙與莒與芮也日者嘗言二兒後當極貴天錫因憶彌遠言及還臨安以告郎召見彌遠大奇之遂留邸中屬天錫母朱爲沐浴教字禮度益閑補秉義郎爲沂王後賜名貴誠尋授右監門衛大將軍

帝時年十七性凝重寡言潔修好學每朝參待漏他人或笑語帝獨儼然出入殿廷矩度有常見者歛容彌遠益注意焉皇子竑素嫉彌遠語稍泄彌遠乃令國子學錄鄭清之爲王府教授潛謀易儲十四年寧宗有疾久不視朝彌遠遣清之往沂王府告以將立之意帝默不應清之又請帝拱手徐言曰紹興老母在清之以告彌遠益相與歎其不凡八月寧宗崩彌遠謀於楊皇后矯詔立貴誠爲皇太子改名昀嗣皇帝位封竑爲濟陽郡王出居湖州尋以事殺之帝在

位四十年壽六十二

宋度宗　按度宗諱禥理宗母弟榮王與芮之子也

嘉熙四年四月九日生於紹興府榮邸初榮文恭王

夫人全氏夢神言帝命汝孫然非汝家所有旣榮王

夫人錢氏夢日光照東室是夕隆國夫人黃氏亦夢

神人采擁一龍納懷中已而有娠及生室有赤光資

識內慧理宗奇之及在位久無子遂屬意托神器焉

淳祐六年十月巳丑賜名孟啓以皇姪授貴州刺史

入內小學七年正月乙卯授眞州觀察使就王邸訓

習後改名孜封益國公又改賜今名寶祐二年十月癸酉進封忠王十一月壬寅加元服賜字邦壽景定元年六月壬寅立爲皇太子賜字長源七月丁卯入東宮癸未行冊禮時理宗家教甚嚴雞初鳴入內問安再鳴還宮三鳴往會議所參決庶事退入資善堂聽講經史將晡復至榻前起居率爲常理宗問今日講何書答之是則賜茶否則爲之反覆剖析又不通則繼以怒明日使之復講五年十月丁卯理宗崩受遺詔太子即皇帝位庚午宰執文武百官詣祥曦殿

表請聽政不允凡七表始從政元咸淳在位十年壽三十五　以上皆帝

〔漢〕薄太后高祖姬文帝母也其父吳人死山陰因葬焉姬初侍魏王豹許負相姬當生天子豹心喜因背漢而中立高帝既破豹納姬後宮幸之生文帝立爲代王自有子後希得見高祖崩呂后怒諸幸姬皆幽之不得出而姬以希見故得出從子之代爲代太后高后死大臣議立後慮外家强暴皆稱薄氏仁善遂迎立代王爲皇帝尊太后爲皇太后封弟昭爲軹侯

追尊太后父爲靈文侯會稽郡致園邑三百家長丞以下使奉寢廟上食祠如法

晉安僖王皇后諱神愛中書令獻之女也以太元二十一年納爲太子妃及帝即位立爲皇后無子義熙八年崩於徽音殿葬休平陵

梁文宣阮太后諱令嬴餘姚人本姓石初齊始安王遥光納焉遥光敗入東昏宮武帝平建康納爲采女幸之有孕嘗夢龍罩其床天監六年八月生元帝於後宮是日大赦尋拜爲修容賜姓阮氏隨元帝出藩

大同六年六月薨于江州元帝即位追崇爲文宣太后贈太后父石靈寶散騎常侍右衛將軍封武康侯母康氏武康夫人

梁景帝夏太后會稽人普通中納于湘東王宮生景帝承聖元年冬拜晉安王國太妃紹泰元年尊爲大后

唐穆宗王皇后本會稽仕家自幼得侍帝東宮生敬宗長慶時册爲妃敬宗立尊爲皇太后贈后父紹卿司空母張氏趙國夫人文宗時稱寶曆太后太和五

年復號義安太后義安者太后所居宮也

陳后王沈皇后望蔡貞憲侯沈君理女也君理尚高祖女

宋太祖孝惠賀皇后初封會稽郡夫人後追册爲后

太宗懿德符皇后初封越國夫人追册爲后

按宋都於汴而二后始封或爲會稽或爲越嘗炎宗時追封燕王德昭爲越王其後德昭之裔卒有天下而宋卒亡於越其兆蓋已見於數百年之前矣故附錄之

寧宗楊皇后少以姿容選入宮侍寧宗忘其姓氏云會稽人時有楊次山者亦會稽人后自謂其兄也遂

姓楊氏慶元二年封婕妤六年進貴妃恭淑皇后崩宫中未有所屬貴妃與曹美人俱有寵韓侂胄以貴妃任權術而曹美人柔順勸帝立曹而貴妃頗涉書史知今古復機警帝竟立之后由是銜侂胄會其用兵中原再開金釁竟與史彌遠定計殺侂胄於玉津園自後彌遠日益貴用事謀廢皇子竑而立宗室子昀爲皇子十七年閏八月帝崩彌遠夜召昀入宫遣次山子谷石以廢立事白后后不可曰皇子先帝所立豈敢擅變一夜凡七往返后終不可谷石乃拜且

泣曰內外軍民皆已歸心苟不立之則禍變必生楊氏其無噍類矣后默然良久曰其人安在彌遠輒使昀入見后拊其背曰汝今爲吾子矣遂矯詔廢竑爲濟陽王立昀爲皇子卽皇帝位尊后爲皇太后垂簾同聽政寶慶元年正月后壽七十帝率百官朝慈明殿加尊號壽明仁福慈睿皇太后其年太后不豫罷聽政詔禱天地百神赦天下明年十二月崩謚恭聖仁烈太后

度宗全皇后山陰人理宗母慈憲夫人姪孫女也畧

涉書史知古今初元兵圍漳州不下人有見神人衛城者時后從父自岳州道潭州在圍中逾年事平至臨安會忠王議納妃臣僚言全氏侍其父詔孫往返江湖備嘗艱險其處富貴必能盡警戒相成之道理宗以慈憲故乃詔入宮問曰爾父詔孫昔在寶祐間沒於王事每念之令人可哀后對曰妾父可念淮湖之民尤可念也帝深異之語大臣曰全氏女言辭甚令宜配冢嫡以承宗祀景定二年十二月冊爲皇太子妃度宗卽位之三年正月冊爲皇后追贈三代賜

家廟第宅五年三月后歸寧推恩姻族有差

明神宗皇后姓王氏餘姚人五世祖蘊居縣之雙鴈鄉洪武十九年爲抽取民兵隨駕入京充校尉陞錦衣衛百戶子賢順天府學生應貢歷鎮江府教授賢子杞中武科除定海衛鎮撫杞子正入鄞縣學例貢爲國子生正子偉生女一恩選中宮萬曆六年大婚禮成賜偉永年伯子棟錦衣衛指揮僉事 以上皆后

紹興府志卷之三十八

紹興府志卷之三十九

人物志二

王侯

吾越僻壤耳古今之拜爵爲王侯者何夥也勾踐借稱春秋巳黜之錢鏐與勾踐等耳自後以王爵加人臣莫濫於宋則馭功之典褻矣陸務觀之疏其有爲而言之耶若乃五等之爵自漢迄今遘會策勳者斌斌相望蓋山川之炳靈信有不偶然者而或以驅儈之流倖竊榮號卒以戮死若徐羨之阮佃夫輩是不

足爲山川羞乎今畧述其封爵之所縣凡若干人若其人所表見非爵秩可槩者並詳别傳此不復著云

越王勾踐其先夏后氏少康之庶子曰無余封於會稽以奉守禹祀國於秦望之南文身斷髮披草萊而邑焉耕種陵陸逐禽鹿以爲食不設宮室之餙從民所居無余傳世十餘而微劣不能自立爲編戶又十餘世有無壬者生而能言脩祭祀復禹墓民皆悅之相與推奉以承越君後自是稍有君臣之義無壬生無譯無譯又名夫譚能順天命以守其國夫譚卒子

允常立魯昭公五年偕楚伐吳始列於春秋越之興覇自允常矣允常卒子勾踐立是爲越王徙治山北吳王闔廬聞允常死乃興師伐越越王勾踐使死士屬劍於頸以眩吳師師屬之目勾踐因而伐之大敗吳師於檇李闔廬傷而死其子夫差使人立於庭苟出入必謂已曰夫差而忘越王之殺而父乎則對曰唯不敢忘方日夜謀勒兵以報越越輒先吳未發往伐之吳王聞之悉發精兵擊越敗之夫椒越王乃以甲楯五千保棲於會稽吳王追而圍之越王用范蠡

計乃令大夫種膝行請成於吳且賂其太宰嚭子胥諫吳王不聽卒赦越罷兵而歸越王反國乃苦心焦思置膽於坐坐臥即仰膽飲食亦嘗膽也曰女忘會稽之恥耶身自耕作夫人自織食不加肉衣不重采折節下賢人厚遇賓客振貧弔死與百姓同其勞任用范蠡大夫種及其大夫計硯諸稽郢皐如扶同苦成之流深謀遠計十餘年其後吳伐齊子胥以諫死太宰嚭專政明年春吳王北會諸侯於黃池盡以精兵從太子獨與老弱留守越王乘間發習流二千俊

士四萬君子六千諸御千人以乙酉與吳戰丙戌遂
襲殺太子丁亥入吳焚姑胥臺吳告急於王王方會
諸侯於黃池懼天下聞之乃秘不令洩既盟使人厚
禮以請成於越越自度未能滅吳乃與吳平其後四
年越復伐吳大破吳師因而留圍之三年吳師潰夫
差乃棲於姑蘇之山使行成於越越王將許之范蠡
不可遂鳴鼓而進追至餘杭山吳王自殺越王乃以
禮葬吳王而誅太宰嚭引兵北渡淮與齊晉諸侯會
于徐州致貢於周周元王賜勾踐胙命爲伯先是勾

踐地南至于句無北至于禦兒東至于鄞西至于姑蔑及是并有吳地死士八千人戈船三百艘橫行於江淮東諸侯畢賀號稱伯王徙都瑯琊勾踐卒子王鼫與立王鼫與卒子王不壽立王不壽卒王翁立王翁卒子王翳立王翳遜國逃於巫山之穴越人薰而出之王翳遜國之賢君蓋吳太伯之儔也王翳卒子王之侯立王之侯卒子王無彊立自勾踐勝吳至於無彊伯者二百二十四年無彊與中國爭强將與師北伐齊齊威王使人說越王於是越遂釋齊伐楚楚

威王興兵伐之大敗越殺王無疆盡取故吳地至浙江而越以此散諸族子爭立或爲王或爲君濱于江南海上服朝于楚傳七世至閩君搖秦并天下廢搖及其族名無諸者並爲君長以其地爲閩中郡後搖佐諸侯平秦漢高帝復立搖爲越王以奉越後都東甌東越閩君皆其後也

吳越王 錢鏐字具美臨安人也幼時與郡兒戲大木下指揮郡兒爲隊伍頗有法及壯不事生業以販鹽爲盜善射與槊稍通圖緯諸書唐乾符二年浙西裨

將王郢作亂鎮將董昌募鄉兵討賊表鏐偏將擊破郢又出奇兵破黃巢於臨安是時天下已亂昌乃團諸縣兵爲八都以鏐爲都指揮使中和二年越州觀察使劉漢宏與昌有隙遣弟漢宥等屯兵西陵鏐率八都兵渡江竊敵軍號斫其營營中驚擾因焚之漢宥等皆走漢宏復遣將屯諸暨蕭山鏐皆攻破之大敗漢宏四年又引兵出平水破其將朱褒等於曹娥埭進屯豐山遂攻破越州鏐乃奏昌代漢宏而自居杭州光啓三年拜鏐杭州刺史乾寧二年昌據越州

友昭宗以鏐爲浙東招討使討昌鏐曰董氏與吾有恩不可遽伐乃引兵屯迎恩門遣人諭昌使改過昌以錢二百萬犒軍自請待罪鏐乃還昌復拒命鏐遣顧全武討之附城而壘屯兵五雲門昌諸將皆庸人遇全武輙敗昌兄子眞驍勇善戰全武等攻之逾年不能克眞與裨將刺羽有隙羽譖之昌殺眞兵乃敗全武執昌歸杭州至西小江昌投水死拜鏐鎮海鎮東軍節度使鎮東軍者越州軍府也始曰威勝至是改鎮東而以授鏐賜鐵券恕九死鏐至越州受命而

還治錢塘以越州爲東府梁太祖即位始封鏐爲吳越王唐莊宗入洛鏐遣使貢獻求玉册乃賜以玉册金印鏐以鎮東等使授其子元瓘而自稱興越國王所居曰宫殿府曰朝官屬皆稱臣遣使册新羅渤海王海中諸國皆封拜其君長長興三年鏐卒年八十一謚武肅子元瓘嗣元瓘亦善撫將士好儒學善爲詩置擇能院錄用文士天福六年卒年五十五謚文穆子弘佐立弘佐時年十三諸將皆少弘佐弘佐初優容之諸將稍不法弘佐乃黜殺大將以下四人由

是國中皆畏恐李仁達與李景相攻仁達求救於弘佐召諸將計事諸將皆不欲行弘佐奮然曰吾爲元帥而不能舉兵邪諸將皆吾家素畜養獨不能以身先我乎有異議者斬乃遣將率兵三萬水陸赴之大敗景兵遂取福州而歸由是諸將皆服開運二年卒在位七年年二十謚忠獻弘佐既卒弟弘倧以次立爲其大將胡進思所廢迎弘俶立之弘俶歷漢周襲封吳越國王賜玉册金印皆如先世世宗征淮南令弘俶以所部分路進討屢有功淮南内屬遣翰林學

士陶穀司天監趙修己使弘俶賜羊馬橐駞自是以爲常七月又遣閤門使曹彬賜兵馬旗幟宋太祖受命弘俶貢奉有加每遣使必焚香再拜乾德元年兩入貢開寶五年又遣幕吏黄夔簡入貢上謂之曰汝歸語元帥常訓練兵甲江南彊倔不朝我將討之當助我無惑人言特命有司造大第於薰風門外偉甚名禮賢宅待李煜及弘俶先來朝者賜之詔令諭旨於弘俶七年討江南遣内客省使丁德裕齎詔以弘俶爲東面招撫使賜戰馬旌旗劍甲令德裕以禁兵

步騎千人爲弘俶前鋒盡護其軍李煜貽書於弘俶曰今日無我明日豈有君明天子一旦易地酬勳王亦大梁一布衣耳弘俶不荅以書上八年弘俶率兵從王師拔常州平潤州遂進討金陵江南平論功以弘俶大將金爲節度使詔弘俶入朝九年弘俶與其妻孫氏子惟濬入朝上遣皇子德昭至睢陽迎勞弘俶將至車駕先至禮賢宅按視供帳之具及至詔弘俶居之對於崇德殿貢賜俱厚詔特賜劒履上殿書詔不名以孫氏爲吳越國王妃數詔弘俶與其子宴

苑中惟諸王預坐弁宣諭弘俶弘俶拜謝多令內侍掖起弘俶感泣車駕幸西京雩祀弘俶懇請扈從不許留惟濬侍視令弘俶歸國太祖宴餞於講武殿特賜導從儀衛自禮賢宅陳列至迎春苑自初至逮歸所賜金帛他物不可勝計弘俶既歸嘗視事功臣堂一日命坐於東偏曰西北神京在焉天威不違顏咫尺弘俶敢寧居乎太宗即位加食邑五千戶弘俶貢極盛又請歲增常貢詔不許太平興國三年入朝遣使至泗州迎勞弘俶至宴長春殿又宴後苑泛舟池

中會陳洪進納土弘俶上言願以所管十三州獻闕下詔許之封弘俶淮海國王賜以禮賢宅封其子姪皆爲節度團練觀察等使體貌隆盛冠絕一時仍令兩浙發弘俶緦以上親及管內官吏悉歸朝凡舟一千四十四艘所過以兵護送雍熙元年改封漢南國王弘俶四上表讓國王封封許王端拱元年春徙封鄧王會朝廷遣使賜生辰器幣與使者宴飲至暮有大流星墮正寢前光燭一庭是夕暴卒年六十上廢朝七日追封秦國王謚忠懿命中使護喪歸葬洛陽

錢氏自鏐至俶三世四王與五代相終始方天下大亂獨能保障一方使民不識兵革卒歸眞主善始令終吳越人思慕功德至今祠祀不廢云

宋榮王與芮理宗同母弟也嘉定十七年理宗即位封父希瓐爲榮王以與芮襲封奉祀開府山陰蕺山之南曰福王府

會稽郡王史浩諡文惠加封越王改諡忠定配享孝宗廟庭其子彌遠亦封會稽郡王

會稽郡王楊次山上虞人楊太后兄嘉定十二年封

少好學能文善避權勢時論賢之二子谷石谷封新安郡王石封永寧郡王

榮陽郡王張稱孫蕭山人以平章事進封詳本傳

以上皆王

漢陽都侯丁復山陰人始以越將從起薛至霸上爲樓煩將入漢從高帝定三秦屬周呂侯破龍且於彭城爲大司馬破項籍軍於葉拜將軍忠臣侯七千八百戶高帝定元功十八人復位十七十九年薨謚曰敬子趮侯甯嗣高后十二年卒子安城嗣孝景二年

有罪免元康四年復曾孫臨沂公士賜詔復其家

南宮侯張買越人爲高祖騎將軍呂太后元年四月丙寅以中大夫封

安遠侯鄭吉山陰人以卒伍從征西域爲郎宣帝時以侍郎田渠黎積穀因發諸國兵攻破車師遷衛司馬使護鄯善以西南道神爵中日逐王來降吉發渠黎龜兹諸國五萬人迎之至河曲頗有亡者吉追斬之遂將詣京師吉既破車師降日逐威震西域遂并護車師以西北道故號都護都護之置自吉始焉上

嘉其功封吉爲安遠侯吉於是中西域而立幕府治烏壘城鎮撫諸國漢之號令班西域矣始自張騫而成於鄭吉吉薨謚曰繆侯子光嗣薨無子國除元始中録功臣不以罪絶者封吉曾孫永爲安遠侯

西鄉侯朱儁字公偉上虞人少孤母常販繒爲業儁以孝養致名爲縣門下書佐好義輕財鄉閭敬之太守尹端辟爲主簿遷蘭陵令會交趾郡群賊並起拜儁交趾刺史至州界擊破賊降數百人以功封亭侯賜黄金五十斤徵爲諫議大夫拜右中郎將持節與

皇甫嵩討潁州黃巾諸賊悉破平之進封西鄉侯又破南陽張曼成及趙弘等又降韓忠散其餘孽時董卓專政以儁宿將外甚親納而心實忌之關東兵盛卓議徙都長安儁輒止之卓雖惡儁異己然貪其名重乃表遷太僕以爲己副儁懼爲卓所襲遂棄官奔荆州及卓被誅其將李傕郭汜作亂徐州刺史陶謙以儁名臣乃謀諸豪傑共推儁爲太師討傕等迎天子會傕用周忠賈詡策徵儁入朝軍吏欲應陶謙儁曰以君召臣義不俟駕況天子詔乎遂辭謙就徵爲

大司農後催與汜相攻獻帝詔儁等往諭解汜不從遂留質儁等卽日發病卒

吳餘姚侯虞汜字世洪會稽人翻第四子孫綝迎立瑯琊王休未至欲入宮圖不軌汜於衆中以義折之綝竟立休汜爲散騎常侍以討扶嚴功拜交趾刺史冠軍將軍封餘姚侯

都鄉侯闞澤山陰人赤烏中以儒學勤勞封詳本傳

都亭侯吳範字文則上虞人爲人剛直好自表見精於曆數知風氣所言多驗權封爲都亭侯

山陰侯賀齊字公苗山陰人本姓慶氏伯父江夏太守純避漢安帝諱姓賀氏齊少授守剡長有縣吏斯從輕俠爲奸齊斬之從族黨糾衆攻縣齊率吏民擊破之威震山越後大末豐浦民反轉守大末長誅惡養善期月悉平侯官長商升起兵應王朗齊諭以禍福升遂降領都尉事累立破賊功遷秩賜軿車驂馬吏卒兵騎如在郡儀吳主權望之嘆曰非積行累勤此不可得常從權攻魏合肥魏將張遼襲權于津北齊將兵迎于津南脫權於難因涕泣曰願終身以此

爲戒權自前收其淚曰謹以刻心豈但書紳後與陸

遜破尤突降𠕇陽三縣得精兵八千拜安東將軍封

山陰侯遷後將軍領徐州牧弟景仕爲賊曹椽尉子

逵孫質位至虎牙將軍

鄒鄉侯鍾離牧字子榦山陰人意七世孫少居永興

躬自墾田二十畝禾登縣民爭之牧不與競由此發

名赤烏五年從郎中歷遷中書令會律安郡陽新都

三郡賊亂出牧爲監軍使者討平之封秦亭侯越騎

都尉永安中以平魏將軍領武陵太守會魏郭純誘

致諸蠻進攻酉陽牧率所領晨夜進道斬渠帥及其支黨純等散走五溪平進封都鄉侯卒于官家無餘財士民思之子稺嗣代領兵少子狗在忠節傳

晉武昌侯虞潭字思奥翻之孫也清貞有檢操州辟從事主簿舉秀才除祁鄉令徙醴陵張昌反潭起兵斬其帥遂周旋征討賜爵都亭侯進東鄉侯元帝檄潭討華軼軼平領安平太守而援甘卓于宜陽以討杜弢領長沙太守固辭不就王敦反潭時為湘東太守召補軍諮祭酒累遷宗正卿以疾乞歸敦令沈充

逼京師潭遂招合宗黨及郡大姓以萬數號曰義兵赴國難詔以爲冠軍將軍領會稽内史潭遣其前鋒渡浙江躡充而自次于西陵爲援會充禽罷兵徵拜尙書成帝卽位以勤王進爵零陵侯蘇峻反加潭督三吳晉陵宣城義興五郡軍事乃與郗鑒王舒協同義舉陶侃假潭節監揚州浙江西軍事潭率衆并勢犄角峻平詔轉潭鎮東將軍吳國内史進爵武昌侯累遷侍中光祿大夫開府儀同三司給親兵三百人以官壽卒謚孝烈子仡右將軍司馬仡子嘯父官

至侍中

平康侯虞預餘姚人初平王含以功封西鄉侯後平蘇峻進封詳本傳

餘不亭侯孔愉山陰人以討華軼功封又爲會稽內史詳本傳

永安伯丁潭山陰人以誅蘇峻功封詳本傳

晉安男孔坦愉從子也以誅蘇峻功封詳本傳

廬陵郡公謝安初封建昌縣公後以破符堅功進封詳本傳安卒子琰嗣宋劉裕以安功高更封其孫澹

爲柴桑侯邑千戶奉安祀

望蔡公謝琰字處度安之子也與從兄元同破苻堅功封後爲會稽内史孫恩之亂與二子肇峻俱戰没劉裕以琰父子忠孝贈琰侍中司空謚忠肅峻初以父勲封建昌侯及死于難與兄肇俱贈散騎常侍

康樂公謝元安從子也以破苻堅功封元請以先封東鄉侯賜兄子玩詔聽之更封玩豫寧伯元後爲會稽内史卒子瑍嗣瑍早卒子靈運嗣元靈運並詳本傳

南康郡公謝石字石奴安之弟也初拜秘書郎累遷尚書僕射征句難以勳封興平縣伯淮淝之役詔石爲大都督與兄子元琰破苻堅進封郡公卒贈司空謚曰襄

宋侯官縣侯孫處字季高會稽永興人以字行武帝征孫恩季高樂從及平建業封新番縣侯盧循之亂季高率衆三千汎海襲破番禺循黨潰奔又屢擊走之卒贈南海太守封侯官縣侯追贈交州刺史

南平郡公徐羨之剡人也令上虞有政事後爲桓循

參軍與宋武帝同府深相親結武帝即位封南昌縣公與傅亮謝誨謀廢立及文帝即位改封郡公尋暴其罪誅之

建城縣侯阮佃夫諸暨人初出身爲臺小史湘東王彧出閤請爲世子師甚見信待景和元年彧爲前廢帝駿所疑禍且不測佃夫與王道隆輩共謀廢駿立湘東王彧是爲明帝論功封侯兼遊擊將軍權侔人主大通貨賄四方珍寶悉萃其門宅舍園池之盛諸王邸第莫及也後廢帝時復以謀逆事露賜死

齊建昌侯戴僧靜永興人少有膽力便弓馬事刺史沈文秀叛還淮陰魏軍至僧靜應募出戰單刀直前魏軍奔退又追斬三級齊高帝即位自寧朔將軍封建昌縣侯後除南中郎司馬淮南太守愛民惜士甚得物情永明八年巴東王子殺人武帝召僧靜使領軍向江陵僧靜不肯曰天子兒過誤殺人有何大罪今急遣軍西上人情惶懼上不答而心善之遷廬陵王中軍司馬高平太守卒

曲江公王晏上虞人弘之孫也初仕宋爲上虞令齊

武帝時累遷吏部尚書右僕射帝崩遺旨以尚書事付晏及明帝謀廢立晏輒佐之以功封曲江侯建武中進爵爲公晏性浮動志無厭明帝積其疑異遂因左右之譖誅晏于華林省併殺其弟廣州刺史詡

漢昌侯朱士明嵊人齊舉茂才梁天監初授儒林博士官至吏部尚書封漢昌侯今桃源鄉有朱尚書廟

按嵊志士明于天監中進封則當爲梁人矣而鄉賢祠乃繫之齊豈以其初仕而言也俟再考焉

梁建寧侯王琳山陰人元帝時以軍功封後梁亡起兵死難詳忠節傳

〔陳〕文招縣男韓子高山陰人年十六事陳文帝於吳興帝常夢騎馬登山路危欲墮子高推捧而升文帝之討張彪也據有州城會彪自剡縣夜還襲之文帝自北門出倉卒闇夕軍人擾亂時周文育鎮北郭香巖寺子高從見出入亂兵中慰勞衆事帝兵稍集子高引入文育營因共立栅明日敗彪帝即位除右軍將軍封男

〔唐〕永興縣公虞世南餘姚人大祖初封永興縣子貞觀八年進爵爲公詳本傳

梁郡公孔若思山陰人中宗時以衛州刺史進封詳本傳

武昌縣子孔禎山陰人第進士歷監察御史門無賓客高宗時遷絳州刺史進封卒謚曰温子諤仕至左補闕陳子昂稱其神清韻遠可比衛玠

襄陽縣男羅珦會稽人以京兆尹封詳本傳

會稽郡公徐浩會稽人肅宗朝以尚書右丞進封詳本傳

會稽郡公康志睦字德衆日知子也討李同捷以功

封子叔訓封會稽縣男

宋臨江侯羅開滿會稽人詳本傳

按宋朝封爵多自其致仕或卒時追錫之典先朝不同云

祁國公杜衍山陰人詳本傳

文安開國侯石公弼新昌人詳本傳

文安縣開國男姚舜明嵊人詳本傳

文安縣開國男黃彥諸暨人熙寧進士

會稽縣開國伯王夢龍新昌人詳本傳

餘姚縣開國子胡沂餘姚人詳本傳子衛封餘姚縣

開國伯

山陰縣開國男王佐山陰人詳本傳

山陰縣開國子陸游山陰人詳本傳

會稽縣開國伯司馬伋温國文正公六世孫自山西

夏縣從宋南渡築室山陰遂家焉卒葬亭山

越國公趙師意贈太師理宗祖也

越國公趙希言字若訥淳熙十四年進士贈資政殿

太學士謚忠獻

會稽郡侯趙宗敏以宗室封爲交州刺史

會稽郡侯趙叔韶字君和以宗室封

元會稽縣男楊安諸暨人維禎之父

明新建伯王守仁餘姚人以平逆濠論功封詳理學傳隆慶初子正億嗣正億卒子承勳嗣

永年伯王偉神宗孝端皇后之父以恩澤封子棟嗣本姓黃以軍籍改王有戚畹坊在雙雁鄉之上黃

定西侯蔣貴諸暨人以軍功世襲

紹興府志卷之三十九終